1인 방송
시작하는 법

1인 방송 시작하는 법 (개정판)

2판 1쇄 2022년 10월 26일
1판 1쇄 2019년 7월 19일
지은이 김기한 | **편집** 북지육림 | **본문디자인** 운용, 히웅 | **제작** 천일문화사
펴낸곳 지노 | **펴낸이** 도진호, 조소진 | **출판신고** 제2019-000277호
주소 경기도 고양시 일선서구 중앙로 1542, 653호
전화 070-4156-7770 | **팩스** 031-629-6577 | **이메일** jinopress@gmail.com

© 김기한, 2019
ISBN 979-11-90282-51-2 (43000)

1인 방송 시작하는 법

유튜브, 트위치, 아프리카, 청소년을 위한 나만의 인터넷 방송 만들기

김기한 지음

추천의 글

"과학기술이 발전함에 따라 사회가 변화하고 직업의 형태 또한 변하고 있다. 요즘 학생들에게 각광받는 직업 중 하나가 바로 유튜버와 같은 1인 방송인이다. 이 책은 1인 방송을 어떻게 준비하고 실행할 것인가에 대한 내용을 담고 있다. 1인 방송을 하기 위해 학생들 스스로 자신의 강점을 찾고 그에 맞는 콘텐츠를 어떻게 개발할 수 있는지를 잘 알게 해준다. 방송 진행자로서 갖추어야 할 윤리의식에 대해서도 중요하게 다루고 있어 학생들에게 더없이 유용한 안내서가 될 것으로 기대한다." ―정종식, 중앙대부속중학교 수석교사

"본문을 훑어보고 살짝 놀랐다. 이 책에는 전문 장비가 없어도 좋은 영상을 제작할 수 있는 창의적 아이디어가 무궁무진하다. 기술이 발전하면서 방송 제작 여건도 빠르게 변하고 있다. 이 책이 미래의 촬영감독이 될 청소년들의 손에 꼭 들어가게 되길 바란다." ―김민식, CF/뮤직비디오 촬영감독

"누구나 자기만의 방송과 미디어를 만들 수 있는 시대가 되었지만, 아무나 새로운 일에 도전하지 않는다. 이 책에 소개되고 있는 다양한 방법들은 실제 보도 현장에서도 저자가 적용하고 있는 방법이기도 한 터라, 1인 방송이라는 새로운 영역에 도전하는 청소년들에게 좋은 길잡이가 되어줄 것이라 확신한다." ―윤준식, 인터넷신문 《시사N라이프》 편집장

"인터넷 방송을 준비하는 사람이라면 꼭 읽어야 하는 필독서! 프로그램 사용법부터 제작 꿀팁, 1인 크리에이터의 경험담까지 재미있게 알려준다. 자신만의 개성을 표현하기 위해 인터넷 방송을 시작하고 싶다면 이 책을 강력 추천한다!" —김현정, 『코딩책과 함께 보는 소프트웨어 개념 사전』 작가

"유튜버들이 유명세를 타며 유튜버가 되는 길을 알려주는 콘텐츠가 쏟아져 나오고 있다. 그러나 청소년 입장에서 쉽게 다가갈 수 있도록 도와주는 책은 눈에 띄지 않았다. 이 책을 통해 많은 청소년들이 보다 건전하고 유익하고 참신한 콘텐츠를 만드는 훌륭한 유튜버의 길을 걸을 수 있게 되기를 기대한다. 여러분 모두가 멋진 유튜버가 되리라 믿는다." —유보연, 전 YTN 아나운서

"엔터테인먼트 업계에 오래 종사하며 탤런트와 아이돌을 발굴하는 일을 해왔다. 요즘은 연예인을 꿈꾸는 친구들이 유튜브를 통해 자신의 끼를 발산하며 방송 환경에 익숙해지기 위해 노력하고 공부해나가는 모습을 자주 보게 된다. 잘하는 친구들도 있지만 유튜브 등의 방송 방법을 제대로 알지 못해 어려움을 겪는 친구들도 많이 있는데, 도울 길이 없어 안타까웠다. 이 책이 좋은 길잡이가 되어줄 것이라 확신한다." —김태현, 뿌리엔터테인먼트 대표

꼭 읽어줬으면 하는 서문

안녕? 뽀시래기들아!!

우리는 현재 정보와 콘텐츠의 홍수에서 살고 있어. 모두가 언제든지 PC와 스마트폰만 있다면 어디서든 내가 원하는 정보를 검색하고 얻을 수 있지. 이런 통신 기술과 단말기 기술이 발전하면서 새로운 직업이 생겨났어. 그건 너희들이 아이돌만큼이나 좋아하는 유튜브 크리에이터, 아프리카 BJ, 트위치 스트리머라는 이름으로 활동하는 인터넷 방송인(브로드캐스터)들이야.

이들은 다양한 콘텐츠를 가지고 나만의 목소리를 내면서 많은 사람들에게 영향력을 행사하고 있고, 스스로 스타가 되어버리는 시대에 와 있어. 너희가 스타를 만들고 너희가 스스로 스타가 될 수 있는 세상, 요즘 너희들 장래희망 1위가 유튜버, 스트리머라고 하더라. 그 정도로 인터넷 방송인(브로드캐스터)에 대한 인기는 나날이 높아지고 있어.

　그런데 여기에 부작용이 발생하고 있어. 저급한 콘텐츠들과 비윤리적이고 혐오스러운 콘텐츠들이 인기를 끌고 이슈가 되면서 방송을 쉽게만 생각하고 마구잡이로 도전하다가 주변에 피해를 주는 사태가 발생하고 있는 거지. 사회적 문제로 국회청문회에 나오기도 했잖아!! 또 한편으로는 인기 스트리머들이 좋은 방송을 위해 고가의 장비를 들여 방송을 해서 그런지, 도전하려는 뽀시래기들이 '값비싼 인터넷 방송 장비가 있어야만 방송을 하고 미디어를 제작할 수 있다'고 생각하더라? 그러다 보니 방송을 하고 싶어 하면서도 쉽게 접근하지 못하는 친구들도 제법 있더라고.

　1인 방송, 1인 미디어에 대한 정보들이 많이 나오고 있지만 처음 도전하는 우리 뽀시래기들에게 적당한 자료가 없어서 삼촌이 나서게 되었어. 스트리머가 되고 싶지만 어려울 것 같아 도전을 망설이는 뽀시래기들에게 방송 쫌 해본 삼촌이 1인 방송 및 미디어 제작에 대해 쉽게 알려주고 싶어.

　이 책에서는 실시간 방송 방법뿐만 아니라, 방송을 어떻게 구상하고 구성해야 하는지, 그리고 어떻게 하면 내가 가지고 있는 간단한 장비로 방송을 시작하거나 1인 미디어를 제작할 수 있는지를 알려주려고 해. 또 구독자 모집은 어떻게 하는 게 효율적인지, 방송 콘텐츠를 어떻게 만들어야 시청자들에게 한 걸음 더 다가갈 수 있는지에 대해서도 공유하고 싶어.

2019년에 처음 이 책 『1인 방송 시작하는 법』을 펴내고, 고맙게도 많은 친구들이 재미있게 읽어줘서 3년 만에 개정판을 내게 되었어. 이번 개정판에는 새로운 무료 동영상 편집프로그램과 유튜브의 새로운 기능에 대해서 업데이트했고, 1인 방송인 선배들의 인터뷰도 추가해서 실었어. 이번에도 잘 활용해서 좋은 콘텐츠를 만드는 데 도움이 되길 바라고 응원할게.

내가 이 책을 쓸 때 항상 생각했던 건 '올바른 1인 방송, 1인 미디어를 하게 해주자. 그래서 너희들이 하고 싶은 말들을 마음껏 하게 해주자!'라는 취지였어. 삼촌은 너희들이 어떤 콘텐츠를 만들어내든 사람들에게 재미있고 유익한 콘텐츠를 만드는 사람이 되었으면 좋겠어. 그래서 무엇보다 나 혼자 하는 인터넷 방송이라고 해도, 단 한 편의 방송이나 미디어를 만들었어도 그 안엔 책임감과 윤리성이 동반되어야 한다는 것을 말하고 싶어. 방송제작은 주저함 없이 도전하더라도 방송인이 된 이상 가져야 할 책임에 대해서는 어렵게 생각해주길 바랄게.

요즘 삼촌은 대학에서 다시 공부를 하고 있어. 전공은 1인 미디어학이야. 내가 지금 새롭게 연마하고 쌓고 있는 이 정보와 지식들도 조만간 너희들에게 또 새롭게 선보이도록 할게! 그때까지 1인 방송, 1인 미디어가 너희들의 좋은 놀이문화로 아름답게 자리 잡았으면 하는 바람이야. 내 책을 읽어줘서 고마워, 그리고 개정판이 나올 수 있게 해줘서 정말 고마워!

2022년 10월

기한이 삼촌

차례

1장.

브로드캐스터? BJ?
크리에이터? 스트리머?
아놔 복잡해!

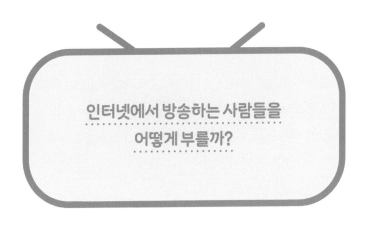

인터넷에서 방송하는 사람들을
어떻게 부를까?

우리 간단하게 개념 정리부터 하고 들어가자. 인터넷에서 방송하는 사람들을 어떻게 부를까?

솔직히 이런 거 잘 몰라도 되는데, 그래도 이런 상식도 알고 있으면 뭔가 있어 보여. 서문을 읽은 뿌시래기들 중엔 삼촌이 쓰는 어떤 표현이 일정하지 않고 요리조리 왔다갔다 하는 것을 간파했을 거야. '브로드캐스터'라고 했다가, '스트리머'라고 했다가, '유튜버'라고 했다가…… 삼촌이 줏대가 없어 보이지?

우리나라에서는 인터넷 방송인을 보통 'BJ'라고 불러. 이 'BJ'라는 말은 '아프리카 TV'가 탄생하면서부터 생겨난 말이 아니야!

너희들 '세이클럽'이라고 알아? 삼촌이 너희들만 할 때 이용하던 채팅 사이트야. 신기하게도 여기서 인터넷 오디오 방송을 할 수 있었어. 삼촌도 한때는 잘 나가던 '세이클럽 BJ'였다.

처음에 '세이클럽'에서 오디오 방송을 했던 사람들을 'CJ'라고 불렀어. 'Cyber Jockey'를 줄여 'CJ'라 한 건데, 사람들은 오히려 '방장'이란 말을 더 많이 썼어.

그러다 보니 '방장'과 'CJ' 두 개의 명칭이 혼용되다가 'BJ'라는 말이 나오게 되었지. 'CJ'랑 비슷한 어감을 살려 '방장'이란 말의 초성에서 영문 이니셜을 가져와 'BJ'라 하게 된 거야. 이 말이 나중에 '아프리카TV' 서비스가 시작되며 'Broadcasting Jockey'의 의미를 가졌고, 'BJ'라는 명칭으로 굳어지게 되었지. 그런데 'BJ'라는 말은 우리나라에서만 통하는 말이야. 다른 나라에서 'BJ'는 중국의 수도 '베이징'의 약자로 사용되니까 주의해!

이참에 인터넷에서 방송하는 사람들을 어떻게 부르는지 알아볼까?

영상물을 올리고 실시간 방송을 하는 사람들을 통칭, '브로드캐스터(broadcaster)'라고 부르지만 각각의 플랫폼마다 방송인을 부르는 명칭이 달라. 동영상 플랫폼으로 가장 큰 '유튜브'에서는 '유튜버' 또는 '크리에이터'라고 불러. 이건 워낙 유명하니까 잘 알고 있을 거야. '트위치'에서 방송하는 사람들은 '스트리머'라 불러. '카카오'는 'PD'라고 칭하지.

그러니 너희들이 어디에서 방송을 하냐에 따라서 'BJ OOO', '스트리머 OOO', '크리에이터 OOO', 'PD OOO'로 불리게 될 거야. 그냥 알아둬.

2장.

너에겐 너의 목소리를 낼 성실함과 책임감이 있니?

방송을 시작하기 전
다섯 가지 다짐이 필요해

이번 장은 삼촌의 잔소리 타임이야.

너희들 요즘 뉴스를 통해 "아무개 BJ, 유튜브 광고수익으로
몇 억 벌었다!"라든가 "아무개 BJ가 별풍선 천만 원어치를 받았
다!"는 기사를 접해봤을 거야. 이런 기사를 보고 갑자기 방송을
하겠다고 덤비는 친구들이 많은데, "No, No! 그러면 안 돼~~!!"

너희들이 기사에서 접한 브로드캐스터들은 짧게는 5년, 길
게는 10년 이상 단 하루도 빼놓지 않고 방송을 해오던 사람들이
야. 그 오랜 시간 동안 묵묵히 여러 가지 시행착오를 겪으며 험난
한 1인 방송의 길을 걸어왔으니까 그런 게 가능한 거야. 인터넷

방송을 시작하기는 쉽지만, 그걸로 유명해지기는 무척 힘들어. 스타가 되는 게 어디든 힘든 거야.

그런 것도 모르고 마구잡이로 계획도 없이 시작하니까, 나오는 콘텐츠들이 뻔해. 여자애들은 노출이 심한 옷 입고 나와서 춤추고, 남자애들은 "XXX 대신해드립니다" 같은 자극적인 방송으로 눈살을 찌푸리게 하지. 사람들이 자극적인 방송에 쉽게 끌리는 건 사실이야. 하지만 그게 얼마나 갈 것 같아? 오래 가지도 못하고, 괜히 얼굴만 팔리고 양아치 취급받기 십상이다.

요즘 돌아가는 상황을 보면 인터넷 방송도 세대교체가 이뤄지고 있어. 그리고 사람들은 항상 새로운 얼굴을 찾지. 분명히 여기서 새로운 기회를 얻을 수 있어.

그러니 마음을 차분히 가라앉히고 좀 더 멋있게 방송을 했으면 해. 건강하고 좋은 콘텐츠를 가지고 인터넷에서 만난 모르는 사람들과 즐겁게 소통하면서 자신들의 가치를 올려갔으면 좋겠다.

그래서 방송을 시작하기 전 너희들 스스로 다짐이 필요해. 따라 읽으며 함께 다짐해볼까?

하나, 나는 성실하고 꾸준히 방송과 콘텐츠를 만들겠다!

둘, 단 한 명의 시청자만 있다고 해도 방송시간의 약속은 꼭 지킨다!

셋, 내가 만든 콘텐츠가 불특정 다수에게 나쁜 영향을 끼칠 수 있음을 명심한다!

넷, 잘해도 욕먹고 못해도 욕먹는다. 멘탈은 강하게!! 악플에 기죽지 말자!

다섯, 즐기면서 하자! 즐기다 보면 함께 즐길 친구들이 생길 것이다!

이거 다섯 가지만 마음에 담아줘. 아주 멋진 브로드캐스터가 될 수 있을 거야!

3장.

녹화 방송을 할 것인가?
실시간 방송을 할 것인가?

실시간으로 소통하는 콘텐츠
vs.
촬영 후 편집본 업로드 콘텐츠

이제 본격적으로 시작해볼까? 삼촌은 최대한 비용부담 없이 콘텐츠를 만들 수 있는 방법을 알려주고 싶어. 사양이 떨어지는 컴퓨터를 가지고 있더라도, 좋은 캠코더나 카메라가 없어도 할 수 있어. 지금 가진 것만을 이용해서도 충분히 좋은 콘텐츠를 만들 수 있거든.

물론 그러기 위해서는 시작하기 전에 정해둬야 할 게 있어. 내가 방송하고 싶은 콘텐츠에 대해서야. "실시간으로 소통하는 콘텐츠로 만들 것이냐?" 아니면 "촬영 후 편집한 결과물을 업로드 할 것이냐?"를 결정해야 해. 각각의 장단점들이 있기 때문이야.

실시간으로 소통하는 방송은 구독자의 즉각적인 반응을 볼 수 있고, 서로의 소통 과정에서 즉흥적인 콘텐츠가 만들어지기도 해서 신기하고 재미있어. 방송을 하면서 자동으로 녹화가 이루어지기 때문에 따로 편집할 필요도 없지.

하지만 구독자가 형성되어 있지 않으면 힘들어. 1~2명 참여하는 것에도 감사하게 여겨야 할 때가 있어. 그마저도 아무 반응이 없으면 자괴감에 빠져서 앞으로의 방송이 굉장히 하기 싫어질 수도 있어.

녹화 방식의 방송은 실수를 하더라도 편집으로 해결할 수 있고, 하루나 이틀에 몰아서 촬영한 후 꼼꼼히 편집하고 정해진 시간에 맞춰 예약 업로드를 하면 시간을 잘 활용할 수 있어. 다만 편집 일이 많아져 귀찮고 방송참여자의 즉각적인 반응을 살피기가 어렵다는 단점이 있지.

그래서 멘탈이 강해야 해! 구독자가 없어도, 반응이 없어도 '이제 시작한 거니까 당연한 거야!'라는 꿋꿋한 태도가 필요해.

삼촌이 생각할 때는 일단 녹화 방송으로 시작하고, 그걸로 내 채널의 구독자를 모아서 목표한 구독자 수가 모였을 때, 실시간 방송으로 전환하는 것도 나쁘지 않다고 생각해. "저는 앞으로 이런 주제로 방송을 할 거예요"라고 먼저 알리고, 어느 정도 구독자가 모이면 그다음에 '생방'을 하는 거야. 일종의 '예고편'을 녹화 방송으로 꾸준히 내보낸다고 생각하면 돼.

생방송을 즐겁게 하기 위해서라도 구독자부터 모아보자고!! 잘만 하면 방송 제작을 도와주는 스폰서도 붙어서 본격 생방을 시작할 때 진짜 즐겁게 할 수 있어. 물론 녹화 방송은 그때를 위한 준비와 연습도 되니 절대 소홀히 해선 안 된다고.

"어? 삼촌! 나는 얼굴 팔리기 싫어요!" 하는 친구들! 자신이 직접 등장하는 건 하나의 방법일 뿐이야. 얼굴을 보이지 않고 콘텐츠 중심의 방송만 꾸준히 해도 되니까 너무 걱정하지 마!

"삼촌! 저는 전문적인 편집 기술이 없는데 어떻게 해요?" 걱정은 노노~ 삼촌이 좀 있다가 쉽고 간단하게 편집하는 방법을 알려줄 테니까 겁먹지 말고 함께 도전해보자고!!

4장.

나만의 프로그램 구상하기

‖ ▶‖ ◀))

어떤 콘텐츠를 만들지
그림으로 그려가며 생각해보자!

장르 선택, 자기 탐색, 프로그램 구상,
타임테이블 짜기

이제 어떤 콘텐츠를 만들지 먼저 그림을 그려보자.

일단 하고 싶은 게 뭐야? 어떤 목소리를 내고 싶어?

그럼 장르부터 선택해볼까?

유튜브 콘텐츠는 다양한 종류의 장르가 있어. 다른 말로 방송 유형이라고도 하지. 너희들이 이야기하는 먹방, 뷰티방, 게임방 같은 거야. '나무위키'라는 사이트에서 '유튜버'를 검색하면 다양한 방송 유형이 아주 잘 설명되어 있으니 참고하면 좋아.

그런데 막상 "나만의 프로그램을 구상해보자!!"고 하면 막막

해. 뭘 해야 하는 거지? 물음표만 잔뜩이야. 그러다가 "에잇 안
해!" 하는 사태가 벌어져. 그렇다고 그냥 아무렇게나 막 하면 오
래 못 가. 브로드캐스터, 크리에이터로서 뭔가를 하고 싶다면 정
확한 플랜(계획)이 필요해.

　방송은 무슨 요일, 몇 시에 할 건지, 어떤 유형의 콘텐츠를 매
주 몇 편씩 올릴 건지가 명확해야 해. 그래야 구독자들이 찾아보
게 되니까. 앞에서도 말했지만, 1인 미디어는 꾸준함이 생명이
야!! 꼭 명심해!!

　지금 보여주는 그림은 삼촌이 프로그램을 구상할 때 썼던 방
법이야. 다음처럼 빈 노트에 그림을 그려가며 생각해보는 거야.

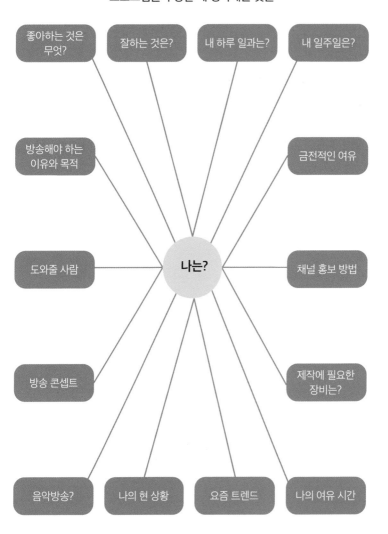

프로그램을 구상할 때 생각해볼 것들

좋아하는 것은 무엇?

잘하는 것은?

내 하루 일과는?

내 일주일은?

방송해야 하는 이유와 목적

금전적인 여유

도와줄 사람

나는?

채널 홍보 방법

방송 콘셉트

제작에 필요한 장비는?

음악방송?

나의 현 상황

요즘 트렌드

나의 여유 시간

우선 첫 번째는 나를 알아가는 거야. 내가 좋아하는 게 무엇이고 내가 잘할 수 있는 게 무엇인지 생각해봐. 무엇보다 자신의 상황을 잘 파악해야 해. 학교 끝나고 집에 들어오면 몇 시인지? 학원 마치고 나면 남는 시간이 얼마나 되는지? 내가 꼭 해야 할 일에 방해받지 않으면서 남는 시간을 이용해 프로그램을 만들 수 있는지 파악해보고 방송시간이나 촬영시간을 잡아야 해.

그다음부터가 본격적인 프로그램 구상이야. 삼촌이 생각할 때는 자기 자신이 좋아하는 것으로 콘텐츠로 만드는 게 좋을 것 같아. 한 번 예를 들어볼까?

나는 빵 만드는 걸 좋아해. 근데 잘하진 못한다면? 실수도 콘텐츠로 활용할 수 있어. 잘하는 모습만 보여주는 게 아니라 실수하는 모습도 보여주고, 모양도 제대로 안 나오는 빵을 보여주는 것도 좋은 콘텐츠가 돼. 잘하지는 못했지만, 점점 나아지는 모습을 보면서 구독자도 재미를 느낄 수 있거든. 함께 응원하고 성공하면 같이 기뻐해주고 칭찬하는 프로그램을 생각해볼 수도 있어.

알고 보면 프로그램 구상은 그리 어렵지 않아. 나 자신이 처해 있는 상황에 맞춰서 콘텐츠를 만들면 돼. 처음부터 고퀄리티로 만들려고 하면 어떻게든 만들 수야 있겠지만, 나중엔 비용문제에 부딪혀서 하고 싶어도 못하게 되는 상황이 만들어져. 그러니 처음부터 어렵게 생각하지 말고 내가 하고 싶은 것, 할 줄 아는 것으로 프로그램을 구상하면 돼.

"방송은 하고 싶지만, 잘하는 게 없는데요?"라고 하면 자기가 좋아하는 것을 해. 그게 무엇이든 좋아하는 것은 잘하지 않아도 되니까…….

예를 들어 노래를 잘 못 불러도 커버곡을 콘텐츠로 만들 수 있어. 물론 처음엔 웃음거리가 될 수도 있어. 그러나 꾸준히 성장하는 모습을 보여준다면, 아주 좋은 프로그램으로 발전하게 될 거라 생각해.

이렇게 **프로그램 구상이 끝났으면 타임테이블을 만들면 큰 도움이 돼.** 이번에도 삼촌이 경험한 것을 예로 들어볼게.

타임테이블 만들기 예시

강○○ / 김기한의 강한 딴따라들 큐시트

방송일시(회차)	2017. . .(목) [회차] 19:00-21:00		제작: 모바일 커뮤니티
진행	강○○, 김기한	패널	
연출		작가	김기한
출연자			

시간	구분	구성	비고
19:00	시그널	시그널 - 타이틀 / 오프닝	VCR → 스튜디오
19:05			
19:10			
19:15			
19:20			
19:25			
19:30			
19:35			
19:40			
19:45			
19:50			
19:55			
20:00			
20:05			
20:10			
20:15			
20:20			
20:25			
20:30			
20:35			
20:40			
20:45			
20:50			
20:55			
21:00			

엔딩멘트:

출연자 정보

왼쪽의 표는 삼촌이 2016년부터 홍대 인디밴드들을 섭외해 1년간 방송했던 실시간 인터넷 방송 〈강한 딴따라들〉의 큐시트야. 매주 화요일 저녁 7시에 시작해서 9시까지 총 두 시간씩 방송을 진행했어.

'큐시트'는 방송 진행순서를 정한 후, 진행 시간대별로 무엇을 할 것인지, 순서별로 몇 분 정도의 시간이 드는지를 미리 계획해두는 진행 순서표야.

녹화 방송이면 편집이 가능하지만 생방송이라면 꼭 이런 종류의 큐시트나 타임테이블 정도는 만들어놓고 진행하는 게 좋아. 계획 없는 방송을 하다 보면, 한 말을 또 하거나 아무 말 대잔치가 되어버려서 좋은 콘텐츠를 구상했더라도 방송의 질이 떨어지는 경우가 생기곤 하거든. 저런 순서도가 있으면 방송하기도, 촬영하기도 편해져. 방송을 도와주는 친구들과도 사전 준비를 하기 편하고, 방송 중간에도 헷갈리거나 당황하지 않고 진행을 해나갈 수 있어. 매끄러운 방송에 도움이 되니까 귀찮다고 미루지 말고 꼭 만들길 바라.

5장.

녹화 방송 쉽게 하기

전문가 수준의 장비가 없어도 얼마든지 가능해!

스마트폰 세팅, 미니 스튜디오 만들기, 동영상 편집, 구독자 늘리는 법

자, 이제부터 본격적인 콘텐츠 제작에 들어가보자!!

처음부터 이야기했지만 삼촌은 너희들에게 최대한 비용을 안 들이고 콘텐츠를 만드는 방법을 알려주고 싶어. 전문가 수준의 장비가 없어도 얼마든지 할 수 있거든. 우선 B급 감성으로 가보자고! 멋진 콘텐츠로 성공하게 되면 그때 장비를 업그레이드해도 되니까, 처음부터 너무 힘 주진 말자.

요즘 나오는 스마트폰은 다양한 기능을 갖고 있어서 콘텐츠를 만드는 데 큰 도움이 돼. 우선 카메라 성능이 좋아서 촬영하는 데 크게 무리가 없어. 영상에 들어가야 할 내레이션을 따로 녹음

해야 할 때도 스마트폰의 녹음기능을 쓰면 돼. 스마트폰과 함께
제공된 이어셋 마이크의 성능도 방송에 활용할 수 있을 만큼은
좋아.

[준비물]

① 스마트폰

② 스마트폰용 삼각대

③ 친한 친구 1인(콘텐츠에 따라 선택 가능)

④ 촬영박스

⑤ 영상 편집 컴퓨터(노트북)

그렇다면 스마트폰 세팅부터 해볼까?

어떤 콘텐츠를 촬영하느냐에 따라서 전면 셀카모드, 후면 카메라모드를 상황에 맞게 잘 활용하자.

영상의 크기와 용량 설정은 HD급인 1920×1080 해상도에 맞추자. 이보다 높은 해상도와 화질을 보장하는 UHD, QHD, 4K 모드도 있지만, 고스펙의 컴퓨터가 아닌 이상 동영상의 크기를 감당할 수 없어. 스마트폰 내부의 저장공간 문제도 있지만, 나중에 편집할 때 컴퓨터가 매우 힘들어해. 이보다 낮은 1280×720 해상도로 설정해도 상관은 없어. 각자 가지고 있는 컴퓨터의 상태에 맞게 설정하면 돼. 하지만 720p보다 낮게는 하지 말아줘. 왜냐고? 지금 바로 유튜브에 들어가서 화질을 480p만으로 설정해서 보면 금방 이해가 될 거야.

　HD급 동영상만으로도 유튜브에서 보는 데는 큰 문제가 없고, 대부분의 인터넷 동영상 플랫폼에서 1920×1080, 1280×720 해상도의 동영상이 가장 안정적으로 서비스되고 있거든.

　스마트폰에는 어느 정도 손떨림 방지기능이 있지만, 안정적인 화면을 위해서는 스마트폰을 고정할 수 있는 삼각대가 필요해. 가능하면 다리길이 조절이 가능한 삼각대를 구입하는 게 좋아. 스마트폰이 생활필수품이다 보니 주변에 스마트폰 악세사리를 판매하는 가게도 많아서 멀리 가지 않아도 되고, 가격도 1~2만원 정도라 큰 부담이 되지 않을 거야. 거리를 다니면서 Vlog를 촬영하는 경우라면 셀카봉으로 촬영하는 게 좋겠지?

큰 움직임 없는 화면이라면 혼자 촬영해도 상관은 없지만, 커버댄스처럼 활동량이 많은 자신을 촬영하는 콘텐츠라면 후면카메라모드를 이용하고, 이때는 카메라를 잡아줄 친한 친구 1명과 함께하는 게 더 좋아. 카메라 위치를 잡은 후 녹화버튼을 눌러놓고 후다닥 달려와 찍어도 되지만, 위치를 잘못 잡아서 카메라 앵글에서 벗어날 수 있기 때문이야. 친구가 카메라를 잡아주면 더 좋은 영상을 얻을 수 있어. 움직임을 따라오는 카메라 워킹까지 가능해지면 더욱 멋진 영상이 나올 거야. 커버댄스 같은 활동량이 많은 콘텐츠엔 꼭 2인 1조로 촬영하도록!

그리고 촬영을 할 때 '포커스를 맞춰야 한다', '색을 맞춰야 한다'라는 말을 들어봤을 거야. 그치만 그건 너무 전문적인 이야기이고, 일반 캠코더나 전문카메라 장비를 사용하지 않는 이상 크게 신경 쓰지 않아도 돼. 일단 스마트폰에는 촬영을 편리하게 할 수 있도록 포커스를 자동으로 잡아주는 기능이 있고, 밝기도 주변 빛의 양에 따라서 자동으로 세팅이 되니까, 해상도만 잘 맞춰주면 큰 문제 없이 촬영을 할 수 있어.

단! 촬영 녹화버튼을 누른 후에 바로 행동을 시작하지 말고 3~5초 정도 기다렸다가 시작하면 나중에 편집하기 편해. 예를 들어 녹화버튼을 누르고 난 뒤 바로 "안녕하세요"라고 하는 게 아니라 녹화버튼을 누른 다음 속으로 하나, 둘, 셋을 세고 "안녕하세요"라고 시작하는 거야. 지금은 이것만 잘 지켜줘도 좋은 영상을 만들 수 있어.

촬영박스는 일종의 미니 스튜디오라고 생각하면 이해가 빠를 거야. 비즈공예나 화장품 만들기나 플러버 만들기 등 오밀조밀한 DIY 콘텐츠를 보여주는 데에 촬영박스만큼 좋은 것도 없어.

이게 필요한 이유는 테이블 위에서 작업하는 것을 찍는 것보다 하얀색 배경 앞에서 만들면 집중도가 높아지기 때문이야. 여기에 조명을 넣으면 촬영하는 피사체가 아주 예쁘게 보여.

촬영박스의 구조는 생각보다 간단하기 때문에 굳이 사지 않고 재활용품을 활용해 직접 만들어 써도 돼. 집에 쌓여 있는 택배박스와 박스테이프 그리고 하얀색 전지만 있으면 만들 수 있어.

그럼 촬영박스를 만들어보고 이미지 샷을 보면서 현실과 영상에서 얼마나 다른지 한번 볼까?

먼저 박스와 백지, 자, 칼, 풀, 박스테이프를 준비하자.

박스를 접은 후 넓은 쪽의 면을 잘라주고 박스를 단단하게 보강하자.

박스의 각 면을 백지로 깔끔하게 붙여준 후 백지가 튀어나온 부분을 깔끔하게 마감해준다. 참고! 만드는 모습을 촬영하고 싶다면 손이 들어가는 부분도 만들어주면 좋다.

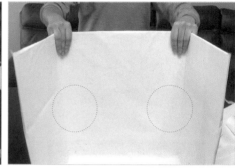

완성!!!

자, 그럼, 이제 실제로 촬영해서 비교해볼까?

자, 변화가 느껴지니? 직접 촬영박스를 만들어 사진을 찍어보자고! 파이팅!!!

포토박스 만드는 법을 동영상으로 볼 수 있어요!
https://youtu.be/f8E97i7j3c4

앞에서도 잠깐 이야기했듯이 녹화 방송은 나중에 실시간 방송을 위해 구독자를 모으기 위한 전초전이야. 영상의 퀄리티도 신경 쓰면 좋겠지만 무엇보다 중요한 것은 콘텐츠의 내용이야. 내용이 좋으면 구독자는 자연스럽게 늘게 되어 있어. 그러니까 처음부터 욕심부리지 말고 차근차근 꾸준히 콘텐츠를 만들어 올려.

B.T.S 있잖아? 알고 봤더니, 빌보드 1위에 오르기까지 전 5년 동안 SNS에 올린 자신들의 콘텐츠가 1만 건이 넘는다고 하더라고. 이걸 보면, 콘텐츠의 질도 중요하지만 콘텐츠의 양도 중요하다는 것을 알 수 있어. 성실함과 꾸준함을 잊지 마. 거북이처럼 목표를 향해 느리지만 묵묵히 뚝심 있게 밀어붙이는 거다!

영상을 찍었으면 멋들어지게 편집을 해보자!

삼촌은 지금 '베가스'라는 영상 편집 프로그램을 써. 사실 좋은 영상 편집 프로그램을 찾자면 끝도 없어. '애프터이펙트'라는 프로그램도 있고, '프리미어 프로'도 있고 방송국에서 쓰는 '에디우스'라는 프로그램도 있어. '파이널컷' 같은 경우엔 애플에서 만든 MAC에서만 돌아가는 전용 프로그램이야. 이런 영상 편집 프로그램을 사용하면 다양한 효과 기능들이 많아서 내가 만든 영상을 멋지게 표현할 수 있지만, 이런 프로그램들은 여러분이 구입하기에도, 사용하기에도 매우 부담스러워.

그. 러. 나! 이런 유료 프로그램을 쓰지 않고도 너희들이 찍은 영상을 멋진 콘텐츠로 만들 수 있어. 찾아보면 무료 동영상 프로그램도 많이 있거든!

이제부터 무료치고는 꽤 좋은 기능을 갖고 있으면서도 초보자가 배우기 쉬운 '무비메이커' 사용법을 알려줄게. 한글판으로 되어 있고, 다양한 윈도우 버전에서도 돌아가니까 여러모로 편리해.

그런데 이 프로그램을 만든 마이크로소프트에서 '무비메이커'를 더 이상 서비스를 하지 않아. 왜 이런 좋은 무료 프로그램을 중단했는지 모르겠어. 그러나 잘 검색해보면 설치파일을 찾을 수 있어(찾기가 어려운 친구들은 다음 링크에서 다운받으면 돼. https://youtu.be/6Gpik5mtfQg).

그리고 또 하나! 무비메이커에서 부족한 부분을 커버해줄 수 있는 프로그램이 있는데, 바로 너희들이 발표자료를 만들 때 활용하는 파워포인트야! 무비메이커와 파워포인트??? 아마도 잘 들어보지 못한 생소한 조합이지? 지금부터 설명해줄게. 잘 따라오길 바라.

설치 프로그램을 실행하면 설치 메뉴가 나와. [모두 설치]를
하지 말고 [설치하려는 프로그램 선택]을 클릭! [사진 갤러리 및
무비메이커]만 체크한 후, [설치]를 클릭하면 끝!!

무비메이커는 무료 동영상 프로그램 중 괜찮은 영상소스들을 보유하고 있고, 영상을 편집하는 방법도 쉬워. 그래서 삼촌은 처음 영상 편집을 시작하는 사람들에게 무비메이커를 추천해왔어. 다음팟 인코더, 곰믹스 등 다양한 무료 영상 편집 프로그램이 있지만, 무비메이커가 훨씬 쉽고 안정적이라고 생각하거든.

그러나 단점은 있어. 무비메이커는 화면 위에 이미지 넣기가 불가능하다는 거지……. 곰믹스가 그 기능을 제공하지만 무료 버전에서는 영상소스의 제약도 있고, 완성된 영상에 워터마크를 새겨넣기 때문에 아쉬움이 있어.

그럼 무비메이커를 어떻게 활용해야 할까? 이제부터 기능 설명 들어간다!!

이게 무비메이커를 실행했을 때의 모습이야. 심플하지?

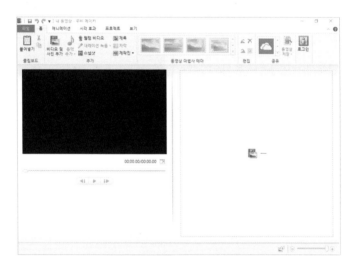

한글판이라서 굳이 설명할 필요가 있을까 싶기도 해. 거추장스러운 기능 설명을 늘어놓기보단 함께 샘플영상을 만들며 자연스럽게 사용법을 알려주고 싶어. 그냥 삼촌을 따라하면 돼.

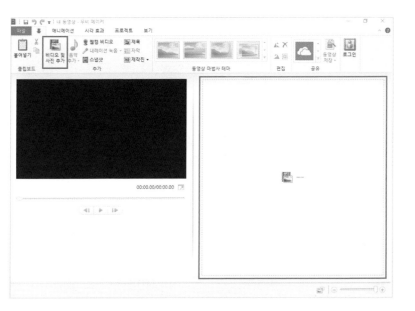

불러오기 기능인 [비디오 및 사진 추가]로 동영상 파일을 가져와도 되고, 드래그를 통해 추가할 수도 있어. 사진 속 빨갛게 표시된 곳을 누르면 자동으로 파일을 불러올 수 있는 팝업창이 떠서 편리해.

다음처럼 팝업창이 뜨면 원하는 동영상을 선택해서 [열기]를 하면 돼.

쉽징? 억지로 단축키 같은 거 외우려고 하지 마. 복잡한 프로 그램이 아니기 때문에 마우스 조작만으로도 충분해.

무비메이커에 원하는 동영상이 열리면, 다음처럼 마우스 오른쪽 키를 누르면 나오는 메뉴창을 이용해서 동영상을 쉽게 자를 수 있어. 저기 [분할]이라는 부분을 클릭하면 내가 자르고 싶은 부분을 자를 수 있지.

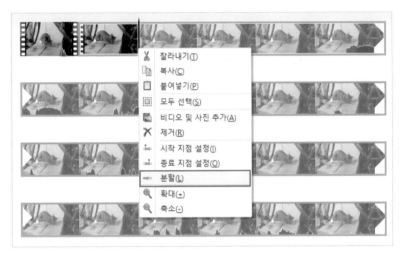

무비메이커의 [애니메이션이션] 기능은 편집한 영상을 자연스럽게 넘어갈 수 있게 도와주는 효과야. 이걸로 다양한 변화를 줄 수 있지.

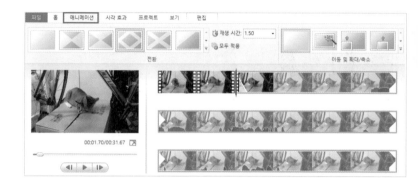

깨끗하게, 맑게, 자신있게!!!! [시각 효과]에서 영상에 각종 필터를 넣거나 밝기를 조절할 수 있어.

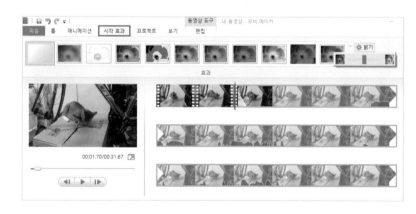

영상에 자막을 같이 넣어주면 버스나 지하철, 공공장소와 같이 이어폰 없이는 소리를 들을 수 없는 상황에 처한 시청자들에게 좋지.

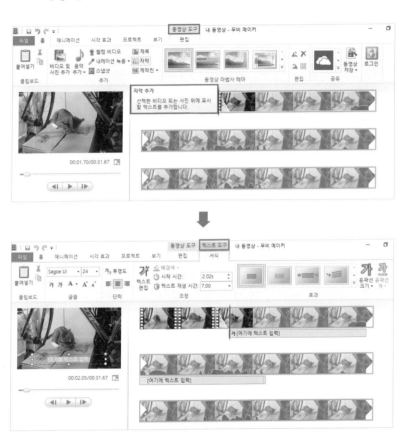

영상의 임팩트는 배경음악이야. 적어도 60퍼센트는 먹고 들어간다. [음악 추가] 메뉴를 클릭해서 원하는 음악을 삽입할 수 있어.

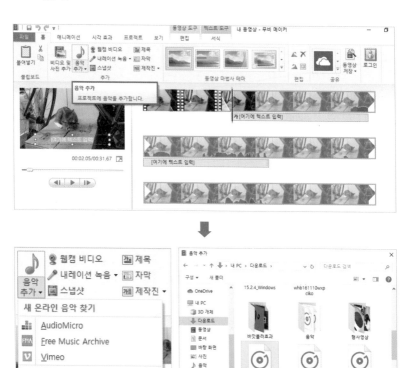

영상과 자막 둘 다 타이밍과 싱크를 잘 맞춰서 넣는 것이 중요해! 동영상 도구와 음악 도구를 클릭하면 오디오를 넣을 수도 있고 자막을 넣을 수 있어. 영상 아래쪽에 생긴 바를 마우스로 움직여서 싱크를 잘 맞춰보도록 해.

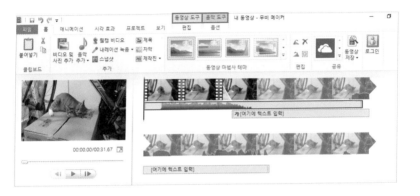

영상포맷은 영상을 업로드할 동영상 플랫폼에 맞게 클릭하고 기다리면 끝!!!

★ 영상을 업로드할
동영상 플랫폼에 맞게
영상포맷을 선택해.

영상의 크기, 동영상의 재생시간에 따라 영상을 추출하는 렌더링이 완료되는 속도가 다르니까, 좀 긴 영상은 렌더링을 걸어놓고 다른 볼일을 하고 오면 어느새 완료되어 있을 거야.

그런데 무비메이커가 제공하는 기능이 좀 밋밋하지? 동영상을 좀 더 있어 보이게 만들고 싶은 마음이 강할 거라고 생각해. 전문 영상 편집 프로그램인 프리미어 프로나 베가스, 파이널컷 등을 구했다 하더라도 내가 가진 컴퓨터에서 제대로 실행될지도 의문이고, 실행된다 하더라도 사양이 낮은 컴퓨터에서는 무한한 인내심 테스트를 하게 될 거야.

삼촌도 같은 고민을 하며 이것저것 많은 시도를 해봤는데, 뜻밖에도 내가 평소에 자주 사용하던 프로그램에 아주 놀라운 기능이 있다는 걸 발견했지.

그건 바로 파워포인트!!! 간단하게! 아주 쉽게! 와우!!!

파워포인트는 잘만 활용하면 쓸 만한 특수효과 편집기가 된단다. 그리 어렵지 않아. 너희들이라면 한 번 쓱 봐도 충분히 할 수 있어. 그럼 거두절미(去頭截尾)하고 사용방법을 알려줄게! 먼저 파워포인트를 켜보자!

파워포인트를 실행한 기본 화면이야.

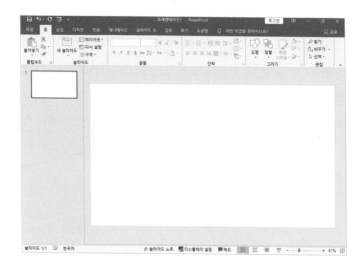

먼저, 사각형을 하나 만들어볼게.

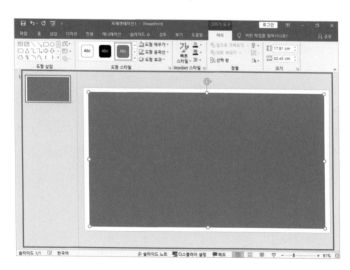

다음으로 저 사각형 안에 동영상을 넣어볼게. [삽입] 메뉴를 클릭한 후 맨 오른쪽 끝에서 세 번째에 있는 [비디오]라는 메뉴를 선택해. 새로운 창이 하나 뜨는데 내 PC에 저장되어 있는 비디오 중에서 효과를 입힐 동영상을 선택해서 [삽입]을 눌러줘.

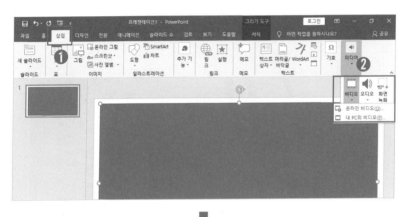

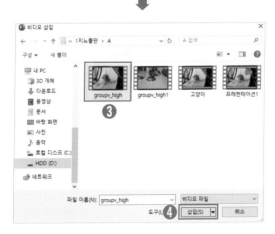

동영상을 사각형 안에 맞춰서 크기와 위치를 조절해보자.

여기서 중요한 것!! 이걸 안 하면 저장을 해도 동영상이 만들

어지지 않으니까! 꼭 체크해야 해!!

[서식] 메뉴 옆 [재생] 부분에 [시작]이라는 부분이 있잖아? 이게 처음 설정은 [마우스 클릭 시]라고 되어 있을 거야. 이걸 바로 밑에 있는 [자동 실행]으로 설정을 변경해줘야 나중에 동영상이 제대로 플레이가 돼.

이제 동영상을 한 번 만들어 볼꽈아아앙??? 자 집중!!! 그냥 단순하게 저장하면 프레젠테이션만 저장된다! 한 번 더 설정을 바꿔줘야 해. 그냥 저장하지 말고 [다른 이름으로 저장]을 눌러 줘. 그다음 프레젠테이션을 저장할 폴더를 설정해주자.

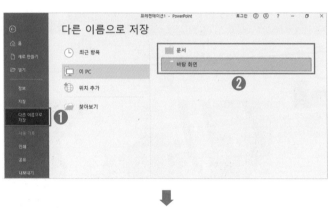

나는 A라는 폴더에 저장할 거야. 파일이름을 설정하고 파일 형식을 바꿔줘. 다음 그림처럼 [MPEG-4 비디오]라는 글씨가 보이지? 저걸 클릭해서 [저장]하고 기다리면 돼.

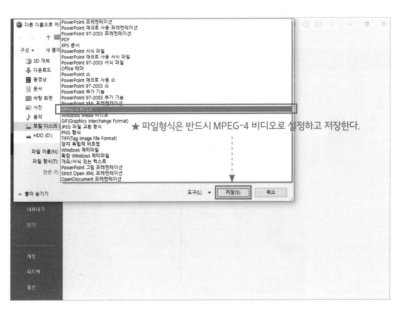

★ 파일형식은 반드시 MPEG-4 비디오로 설정하고 저장한다.

그런데 이것도 단점이 있어. 바로 저장 속도가 많이 느리다는 거…… 그래서 한 5~10분짜리 영상을 저장하려 하면 컴퓨터의 성능에 따라 30분에서 1시간이 걸려. 그러니 [저장]을 걸어놓고 공부를 하던, 다른 걸 하고 돌아오면 저장이 완료되어 있을 거야.

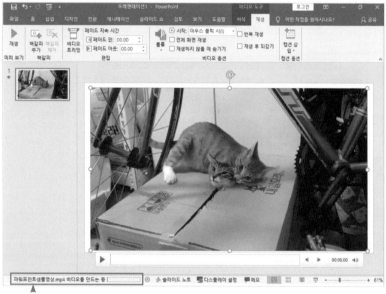

★ 저장 진행 상황은 여기에서 확인할 수 있다.

그런데 지금까지의 작업만으로는 흰 배경에 동영상만 들어가
니까 좀 심심해 보이지. 무비메이커는 단순 편집용으로는 훌륭한
데, 화면에 그림을 넣거나 효과를 넣을 수 없었어. 이걸 파워포인
트로 한번 해결해보자.

아까 그 사진이야. 좀 심심하군. 배경을 바꿔볼까?

어때? 배경을 바꾸고 말풍선을 넣었어. 이대로 저장해도 충분하겠지만, 좀 더 있어 보이게 효과를 좀 주자고! 이럴 때 필요한 것은 파워포인트의 애니메이션!!

상단 메뉴에서 [애니메이션]을 클릭해봐! 그럼, 다음 창을 볼 수 있어.

자, 효과를 주고 싶은 그림이나 글자를 클릭한 후에 원하는 애니메이션 효과를 주자. [나타나기], [날아오기] 등 아기자기한 효과들이 많이 있어. 일단 [애니메이션]을 지정해준 후에 설정을 또 해줘야 해.

일반적으로 파워포인트의 [애니메이션] 설정은 '마우스 클릭'
으로 시작하도록 되어 있어. 이것은 발표하는 사람들을 위해서
해놓은 설정이지. 그치만 우리는 영상에 효과를 줘야 하잖아. [클
릭할 때]로 설정해놓고 저장하면 아무 일도 일어나지 않아. 그러
므로 여기서 중요한 것! 모든 애니메이션의 설정은 [이전효과와
함께]로 설정해줘.

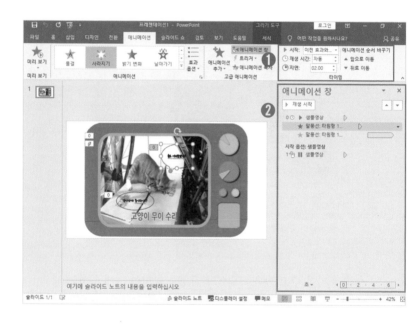

이렇게 설정해주면 동영상 플레이가 되는 것을 신호 효과로
나타낼 수 있어. 근데 지금 해보니까 어때? 모든 효과가 한꺼번에

나타나지? 걱정 마! 파워포인트의 애니메이션 효과는 효과가 나타나는 시간도 각각 조절할 수 있어.

옆에 있는 애니메이션 창에서 애니메이션이 나타나는 시간을 마우스로 조절해주자. 아래 시간표시도 되어 있으니까, 원하는 시간으로 조절해서 맞추면 돼. 조정이 끝났으면 아까 했던 대로 [다른 이름으로 저장], 파일형식을 [MPRG-4 비디오]로 설정하고 저장하면 *끄읏!!*

어때? 어렵지 않지? 이렇게 무비메이커와 파워포인트만으로도 괜찮은 동영상을 만들 수 있어. 삼촌도 예전엔 이 기능을 이용해서 동영상을 만들었어. 같은 방법으로 공연 홍보 동영상을 만들어 배포하기도 했지.

여러분도 이렇게 첫 시작을 해보는 거야. 이 내용을 아직 잘 모르겠는 친구들을 위해 삼촌이 지금의 과정을 동영상으로 만들어놓았어. 지금 공개하는 링크로 가서 동영상을 보면 이해하기 더 쉬울 거야.

 파워포인트 활용법을 동영상으로 볼 수 있어요!
https://youtu.be/Bu--838ap-I

그런데 이게 단점이 있어. 말풍선에 애니메이션은 한 가지 동작밖에 못해. 나타난 다음에 없어지거나, 없어졌다가 나타나게 하는 기능은 없는 거지. 그래서 파워포인트를 이용할 때는 배경처럼 영상의 처음부터 끝까지 있어야 하는 요소만 파워포인트 자막으로 만들고, 보통은 영상프로그램의 자막을 이용하는 게 좋아. 별거 아니지만, 조합만 잘해도 색다른 영상을 만들어낼 수 있어.

5 공짜 영상 편집 프로그램으로 더 멋지게 편집하기 _ 샷컷, 다빈치 리졸브

지금까지 비교적 간단한 방법의 영상 편집을 알려줬는데 어때? 좀 더 멋을 내고 싶다고? 앞에서 함께 배운 무비메이커와 파워포인트도 유용하지만, 뭔가 2프로가 부족하다고 느끼는 친구들도 있을 거야. 그래서 더 복잡하긴 하지만 기능이 많아서 좋은 영상 편집 프로그램인 샷컷(Shotcut)과 다빈치 리졸브(DaVinci Resolve)를 함께 배워볼 거야.

먼저 소개할 프로그램은 바로 외쿡! 개발자가 2004년도부터 개발해온 샷컷이야. 샷컷은 프로그램 자체도 가벼워서 PC 성능이 떨어지더라도 편집하는 데 크게 무리가 없고 2019년부터 한국어가 지원되어서 삼촌 같은 영어울렁증 환자들에게는 더할 나위 없이 좋고 편리한 프로그램이야.

또 PC의 성능에 따라서 4K 영상까지 편집이 가능하고 다른 무료 편집 프로그램처럼 시간제한이 있는 것도 아니야. 게다가 워터마크 같은 게 남지도 않아. 무엇보다 컷편집에서는 진짜 좋아.

그럼, 시작해볼게! 어려운 거 하나도 없으니까 겁먹지 말자고.

구글이든 네이버든 어디든 괜찮아. 먼저 검색창에 한글로 '샷컷'이라고 검색해. 그러면 검색결과가 나오는데, 제일 처음에 나오는 거 있지? 'Shotcut-Home' 사이트로 들어가거나, 그 아래에 있는 'Download'를 클릭!해서 프로그램을 다운받을 수 있는 곳으로 들어갈 수 있어.

그러면 샷컷 프로그램을 다운로드받을 수 있는 곳이 나오는데, 다운로드 종류가 4가지가 있을 거야. 여기서 눈여겨봐야 할건 'installer'랑 'portable'이야. 'installer'는 내 PC에 직접 설치하는 파일을 다운로드할 수 있고 'portable'은 내 PC에 설치하지 않고 샷컷을 사용할 수 있게 하는 파일을 다운로드할 수 있어. 취향에 따라서 선택하면 돼.

자, 다운로드를 받았으면 설치하면 되는데, 보통 이런 무료 프로그램들은 유료 백신 프로그램이나 알지 못하는 프로그램을 깔라고 하는 경우가 있는데, 샷컷은 그런 게 없으니 안내에 따라서 그대로 설치하면 돼.

설치 팝업창이 뜨면 [I Agree]를 눌러주기만 하면 돼!

설치가 끝났으면 샷컷을 실행시켜봐. 이 모습이 샷컷을 켜면 나오는 첫 번째 모습이야, 어때?

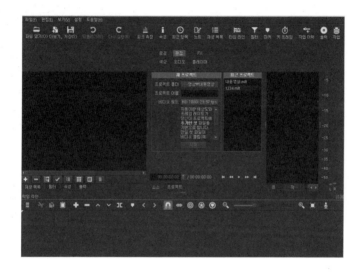

한글로 되어 있으니까, 해석도 직관적이라서 마음이 놓이지 않아?? 외국에서 만들면 처음 화면이 영문으로 나오는데 이 프로그램은 설치하고 나서 언어를 바꿀 필요가 없이 바로 한글로 서비스해주니까 좋더라고.

그럼, 지금 보는 화면을 간단히 설명해줄게.

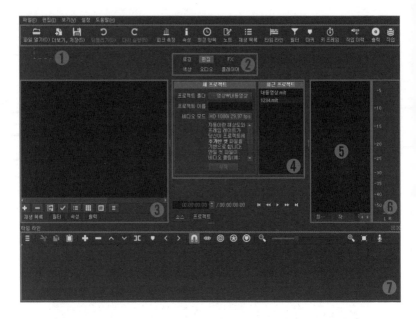

①은 편집할 때 필요한 기능을 가져와서 쓸 수 있게 해주는 메뉴들이야.

②는 편집할 때 꼭 필요한 기능을 바로바로 사용하게 할 수 있는 메뉴들이야.

③은 내가 편집할 영상들을 넣는 곳이야. 아래쪽을 보면 [재생목록], [필터], [속성] 항목들이 있지? 나중에 영상 편집하는 데 자주 왔다 갔다 하게 될 부분이니까 잘 봐둬.

④는 편집해야 하는 영상의 프로젝트를 생성하는 곳이야. 프로젝트를 생성하면 이 영역이 편집 영상을 미리보기할 수 있는 플레이어로 변경돼.

⑤는 내가 작업한 내역이나 작업 진행률을 볼 수 있는 창이야.

⑥은 내 영상의 오디오 미터를 볼 수 있는 창이야.

마지막으로 ⑦은 내가 편집할 영상을 올려놓고 자르고 붙이고 하는 작업창이라고 생각하면 돼.

여기서 각각의 번호 창들은 분리할 수 있고, 자기가 쓰기 편한 위치로 이동할 수도 있어. 요리조리 움직여서 스스로 작업하기 좋은 위치를 잡아봐.

자, 백문이 불여일견이지. 이제부터는 실제로 프로젝트를 생성해서 동영상을 편집해보도록 하자고!

먼저 프로젝트 폴더를 설정해줄 거야. [프로젝트 폴더] 옆에 [···₩내동영상]로 시작되는 박스를 클릭해줘(본문 90쪽 상단 그림 참고).

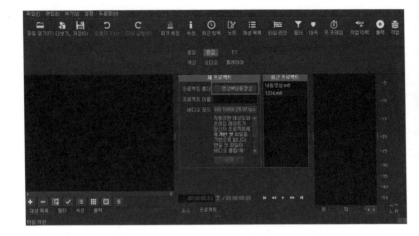

그럼, 다음처럼 내가 원하는 위치에 프로젝트를 생성할 수 있

도록 창이 떠. 원하는 위치를 선택하고 [폴더 선택]을 클릭하면 돼!

그다음 [프로젝트 이름]을 넣어주고 그 바로 아래 [비디오 모드]에서 내가 편집할 동영상의 사이즈와 프레임 수를 설정해줘. 자동으로 되어 있기는 하지만, 내가 해보니까 수동으로 설정해주는 게 동영상을 읽어오는 속도(처리속도)가 빠른 느낌이 들어. 물론, 이것도 취향이니까, 내가 찍은 동영상의 사이즈나 프레임 수를 모른다면 자동으로 해놔도 상관없어.

자~~ 그리고 [시작] 버튼을 누르면 프로젝트 생성이 끝나. 이렇게 내가 설정한 위치에 가보면 샷컷에서만 열 수 있는 파일이 생긴 게 보일 거야.

이제 영상을 편집해보자고! 가장 먼저 파일을 불러와야 해. 샷컷에서는 두 가지 방식으로 파일 불러오기가 가능해. 바로 샷컷의 [파일 열기] 메뉴를 이용하는 방식과 파일이 있는 폴더에서 바로 드래그 앤드 드롭(drag and drop)하는 방식이야.

다음 그림처럼 재생목록 항목에 열린 영상 파일은 아래쪽 네 개의 아이콘으로 재생목록에서 보이는 방식을 달리할 수 있어.

우선, 재생목록에 있는 영상 파일을 편집을 위해서 타임라인에 드래그 앤드 드롭으로 한꺼번에 옮겨주는 거야.

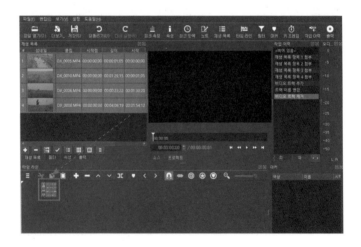

그러면 타임라인에 작업할 영상들이 나타나게 돼. 근데 왠지 작업하기에 너무 하단에 있고, 좁아 보이지? 편집툴을 자세히 보면 각 구역마다 [....]으로 되어 있는 게 보일 거야. 거기에 마우스 포인터를 가져가보면 다음 그림처럼 양쪽화살표 표시로 변하는데, 마우스 오른쪽 키를 눌러서 타임라인 창을 늘려서 크게 보도록 해. 이렇게~

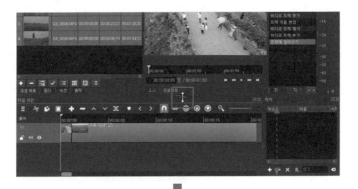

자, 그럼, 이제 **타임라인에 있는 영상의 길이를 조절해볼까?**

샷컷도 다른 영상 편집 프로그램과 마찬가지로 두 가지 방식으로 타임라인에 있는 영상의 길이를 조절할 수 있어. 하나는 키보드 〈S〉 키를 눌러서 타임라인 플레이 커서를 원하는 위치에 놓고 직접 자르는 방법, 다른 하나는 영상 파일 끝에 마우스를 가져가서 사이즈를 줄이는 방법이야. 필요에 따라서 적절히 사용하면 돼. 어!? 그런데 영상을 잘랐더니 가운데 빈 공간이 생겼네?

이럴 때는 앞에 있는 영상을 마우스로 클릭한 다음에 뒤로 붙이면 되는데, 손으로 마우스를 직접 조정하다 보면 아무래도 미세한 작업이 어려워. 그래서 자동으로 자르기 기능을 이용하는게 좋아.

제거할 빈 공간 위에서 마우스 오른쪽 버튼을 누르면 창이 하나 뜨는데, 여기서 [제거]를 눌러주면 빈 공간이 사라지는 동시에 갈라져 있던 앞뒤 영상이 자동으로 찰싹! 붙어. 손으로 직접 영상을 움직이는 것보다 훨씬 쉽고 깔끔하게 붙일 수 있는 거지.

이런 방식으로 타임라인에 있는 영상을 원하는 길이와 분량에 맞춰서 조절해주면 컷편집은 끝났어.

컷편집이 끝난 편집본 영상은 스페이스 바를 누르거나 플레이 버튼을 눌러서 한번 봐봐. 그래서 편집이 알맞게 되었는지 길이는 제대로 조절되었는지, 튀는 부분은 없는지 확인하면 돼.

그리고 샷컷은 가끔 이유도 없이 프로그램이 꺼져서 작업물이 맥없이 사라져버리기도 해. 자주 있는 현상은 아니지만, 어느 정도 작업했다 싶으면 저장을 꼭 해줘. 이런 문제는 유료 프로그램에서도 종종 발생하니까, 저장 습관을 꼭 들이자고!

자, 컷편집을 끝내고 보니 어때? 영상을 붙인 부분이 너무 딱딱 끊기는 느낌이 나서 어색하다고? 괜찮아, 그럴 수 있어. 그럴 때 쓰는 게 '화면전환'이야. **샷컷은 화면전환도 아주 쉽게 할 수 있어.** 방법이 아주 간단하거든.

타임라인에 있는 영상을 마우스로 클릭한 뒤 왼쪽이나 오른쪽으로 드래그를 해주면 끝이야. 드래그해서 앞이나 뒤에 있는 영상이 겹쳐지면 겹쳐진 부분을 시간으로 보여주는데, 알맞은 시간에 위치하도록 하면 화면전환 끝!

99쪽 하단 그림에서 보면 영상이 겹쳐진 부분에 ⊠ 표시가 된 거 보이지? 샷컷의 기본설정은 디졸브(dissolve)야. 디졸브는 한 화면이 사라짐과 동시에 다른 화면이 점차 나타나는 장면전환 기법을 말해. 뭔가 스으윽~ 스며드는 느낌이라고 할까?

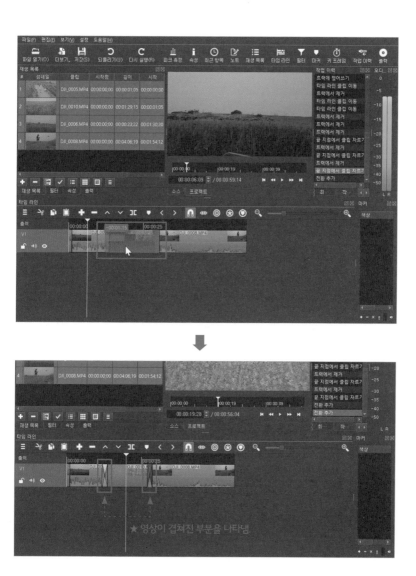

★ 영상이 겹쳐진 부분을 나타냄.

★ 영상이 겹쳐진 부분 위에서
마우스 오른쪽 버튼을 눌러
[속성] 선택!

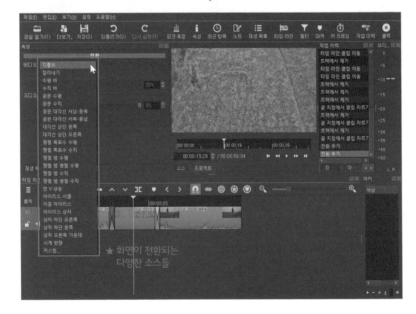

★ 화면이 전환되는
다양한 소스들

겹쳐진 영상의 박스 크기에 따라서 화면전환 속도가 달라지니까, 알아둬. 우리 뽀시래기들은 한 번 해보면 아~! 이런 거구나 할 거야. 그리고 이 화면전환의 소스도 바꿀 수 있어.

영상이 겹쳐진 부분을 선택하고 마우스 오른쪽 버튼을 눌러서 [속성] 부분을 클릭하면, 재생목록이 있는 부분에 속성 창이 뜨거든. 거기서 [비디오] 부분을 클릭하면 화면이 전환되는 다양한 소스를 선택할 수 있어. 이것저것 선택해서 내 영상에 맞는 전환 방법을 찾아보도록 해.

삼촌이 영상을 편집하면서 느낀 건 컷편집만 잘해도 영상제작에 50퍼센트는 먹고 들어간다는 거야. 그중에서 제일은 1프레임 단위로 맞춰서 편집하는데 티가 덜 나게 하는 것도 있지만, 자연스러운 화면전환도 영상 퀄리티를 높여줘.

컷편집을 잘하려면 1프레임 단위로 확인하면서 잘라야 하니까 제법 미세한 작업이 필요해. 제법 시간과 공이 들어가는 작업이라 잘해놓으면 스스로 뿌듯하고 칭찬해주고 싶다니깐! 그래서 처음 영상 편집을 시작하면 컷편집 연습을 많이 해봐야 해. 앞 영상과 뒤 영상이 자연스럽게 편집되는 편집점을 찾는 게 무엇보다 중요해.

자, 이번엔 **샷컷의 도구창을 움직여보자.** 앞에서도 말했지만 샷컷은 각각의 도구창을 원하는 위치로 옮겨서 사용할 수 있어. 연습 삼아 다음 그림의 아랫부분에 있는 [키프레임]이라는 도구창을 빼볼 거야. 방법은 아주 간단해.

[키프레임] 항목을 선택하고 마우스 왼쪽 버튼을 누른 채로 드래그하는 거야. 그러면 103쪽 상단 그림처럼 키프레임 창이 뽑혀. 이렇게 쏙! 뽑힌 창을 그대로 둬도 되고, 샷컷 편집 프로그램 창의 다른 곳에 넣을 수도 있어.

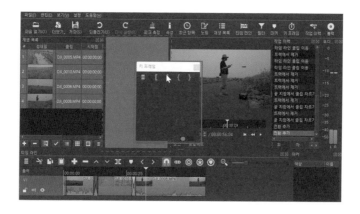

창을 마우스로 원하는 위치에 두면 들어갈 수 있는 공간이 표시되는데, 거기에 창을 놓고 마우스를 떼면 성공! 다음 그림처럼 재생목록 옆에 키프레임이라는 창이 하나 더 생긴 것을 볼 수 있어. 이런 식으로 자신의 취향에 맞는 작업환경을 만들어보도록 해.

자, 컷편집과 화면전환을 배웠으니, 이제, **영상 위로 이미지를 넣어볼까?** 먼저 타임라인의 내 영상 위로 비디오 트랙을 추가해 주고, 영상에 삽입할 이미지 파일을 재생목록으로 불러와.

그리고 재생목록에서 마우스로 원하는 이미지나 소스를 선택해서 새로 추가한 비디오 트랙 위 원하는 위치에 드래그 앤드 드롭해서 넣어줘!

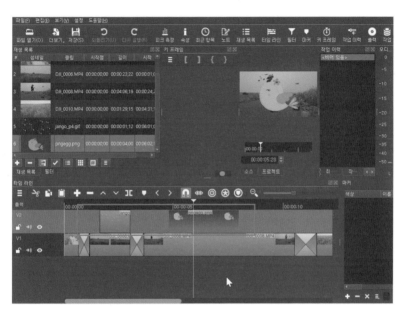

앗, 그런데, 이미지 하나가 영상을 거의 가리네. 크기를 작게 조절해줘야겠는걸?

이제부터는 주의를 기울여서 잘 봐야 해. 약간 복잡한 과정을 거쳐야 하거든.

먼저 타임라인에서 크기를 조절할 이미지 파일을 선택하고,
[재생목록] 옆에 [필터]를 선택하면 필터 창이 나와 그림 [+] 버튼
을 눌러서 필터를 추가해.

필터를 추가하면 각종 효과들이 나올 거야. [즐겨찾기]-[비디
오]-[오디오] 효과가 순서대로 있는데, 텍스트로 입력해서 찾을
수 있고, 아니면 107쪽의 상단 그림처럼 스크롤을 이용해 찾을
수도 있어. 자, 그럼 [크기와 위치 및 회전]을 찾아서 클릭해. 그
러면 수정하려고 하는 파일에 크기와 위치를 조절할수 있는 필터
창이 추가돼.

그럼 수정하려고 하는 이미지에 불투명한 박스가 생기면서 개체가 잡히게 돼. 이때 불투명한 박스(①)에 마우스를 대고 이미지의 크기를 직접 조정할 수 있어. 물론 좀 더 정확하고 미세한 수정을 원한다면 필터 창(②)에 수치를 입력해서 조정하는 방법이 좋아. 내가 원하는 위치, 크기, 각도 등을 설정할 수 있는 거지.

여기까지 잘 따라오고 있지? 이미지 수정을 완성되려면 한 가지를 더 기억해야 해. 바로 디졸브야. 영상을 잘라 붙일 때와 마찬가지로 이미지도 그대로 두면 영상을 플레이할 때 갑자기 팍! 나타나게 되거든. 그래서 디졸브 효과를 줘야 해. 앞에서도 한 번 해봤으니까 같이 해보자고.

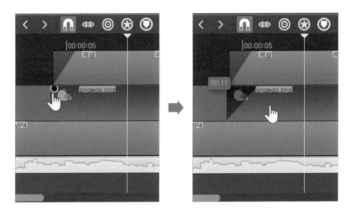

트랙에 올려져 있는 이미지나 영상 파일의 왼쪽 상단 끝에 마우스를 가지고 가면 'ㅇ' 아이콘이 나올 거야. 그걸 잡고 기울여주면 디졸브 효과를 낼 수 있어. 어때? 살짝 복잡하지만 해볼 만하지?

샷컷 프로그램의 특징은 영상이든 이미지든 텍스트든 효과를 주기 위해서는 [필터]로 시작해서 [필터]로 끝난다는 점이야. 그러니 [필터]로 이것저것 여러 시도를 해보는 걸 추천할게.

샷컷의 단점이라면 자막을 넣는 방법이 좀 귀찮아. 지금부터
는 **자막 넣는 방법을 알려줄게.** 좀 복잡하니까 잘 따라와.

자, 가장 먼저 또 비디오 트랙을 만들어주자. 여기서 알아야 할
건 트랙이 위로 가면 갈수록 아래의 영상을 덮는 거야. 그래서 자
막을 넣을 트랙은 타임라인의 제일 상단에 위치하도록 해야 해.

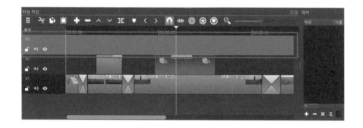

상단에 [더보기]를 누르면 아래로 창이 뜨는데, 여기서 [색상]

을 선택해. 색상 창이 뜨면 [투명]을 선택하고 [확인]을 눌러줘.

어?! 그런데 갑자기 미리보기 화면에 아무것도 안 나온다고?
괜찮아, 당황하지 마. 제대로 하고 있으니까. 자, 다음 그림처럼
[필터]를 눌러주고 그다음에 [+] 버튼을 눌러줘. 그리고 [비디오]
를 선택해서 [텍스트 단순]을 찾은 다음에 클릭해!

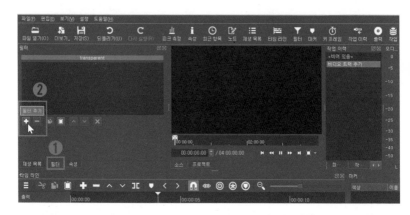

그러면 다음처럼 미리보기 화면에 시간이 표시된 창이 나와. 이 상태에서 [재생목록]을 클릭해주면 재생목록 창이 나오지. 플레이어 창에 숫자가 나와 있는 검은 화면 위에서 마우스 왼쪽 버튼을 꾹~! 누른 다음에 재생목록 쪽으로 끌어와줘.

자, 그러면 자막을 만들 수 있는 소스가 완성된 거야. 이 소스를 아까 만든 비디오 트랙에다가 엎어주면 반은 완성이야.

그런 다음 타임라인에 올라와 있는 소스를 선택하고 [필터]를 눌러줘. 그럼, 115쪽 상단 그림과 같은 화면이 나올 거야.

①은 텍스트를 입력하는 도구이고, ②는 글꼴과 크기를 바꿀 수 있는 도구이고, ③은 소스의 크기와 위치를 설정할 수 있는 도구야. 물론 이미지처럼 마우스로도 박스의 크기와 위치를 바꿀 수 있어.

여기에 텍스트를 입력하고 설정을 하면 115쪽 하단 그림에서 보는 것 같이 자막을 넣을 수 있게 되는 거지!

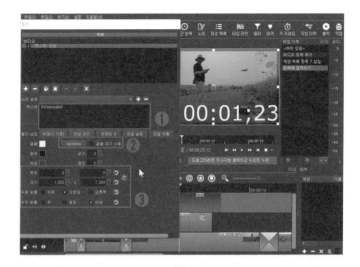

그리고 자막에도 디졸브 효과를 주면 영상을 더 자연스럽게 편집할 수 있어. 앞에서 배웠던 것처럼 자막 파일의 양쪽 상단 끝에 마우스를 대면 나오는 'o' 아이콘을 잡고 기울여서 조절하면 완성이야!

이렇게 마우스로 자막의 길이와 영상에 나오는 타이밍을 조정할 수 있고, 디졸브 등의 효과를 매겨둔 자막 파일은 한 번 만들어 놓으면 복사해서 붙여넣기 한 후에 텍스트만 바꾸어 사용할 수 있어. 같은 효과를 가진 자막을 여러 개 만들 수 있는 거지. 좀 복잡해도 한 번만 잘 만들어놓으면 꽤 유용하고 간편하게 사용할 수 있어. 처음이 헷갈리고 어렵지 적응만 하면 아주 쉬운 작업이라고!

그럼, 이제 **영상에 오디오(음악) 파일을 넣어보자.** 먼저 타임라인에 오디오 트랙을 추가해.

그리고 자신이 영상에 넣고 싶은 음악 파일이 있는 폴더를 열어 음악 파일을 재생목록에 끌어다 넣어주는 거야. 이어서 재생목록에 넣어둔 음악 파일을 드래그 앤드 드롭해서 오디오 트랙으로 옮겨주고, 마지막으로 영상의 길이에 따라 오디오 트랙의 길이를 조정해주면 완성이야! (119쪽 그림 참고)

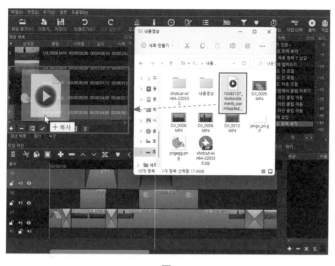

이번에는 **영상의 색보정을 함께 해볼까?** 영상이 어둡게 찍힌 경우라면 밝게 보정해주는 게 필요해. 일단 타임라인에서 색보정을 할 영상을 선택해줘. 그리고 [필터]를 누르고 [+]를 선택해서 필터 추가를 해줘.

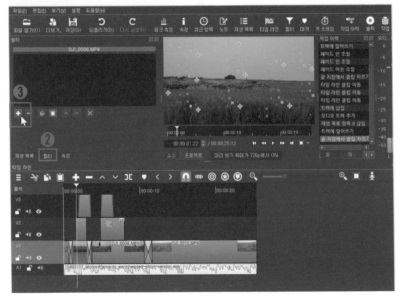

　　그러면 [비디오] 탭에서 색보정에 필요한 효과들을 찾을 수 있을 거야. 삼촌은 여기서 색보정, 밝기, 대비, 채도를 찾아서 효과를 부여했어. 각 효과를 클릭하면 조절할 수 있는 바가 나오는데, 이걸 이용해서 색을 조절해주면 돼.

한 번에 같이 바꿀 수 있으면 편하겠지만, 아쉽게도 샷컷은 그게 안 되는 것 같아. 그래서 다른 영상 소스들도 같은 방법으로 하나씩 색보정을 조절해줘야 해. 좀 번거롭지만 영상의 퀄리티를 높여주는 작업이니 기억해두자고.

자, 이제, 결과물을 추출해볼 차례야! 상단 메뉴에서 [출력]을 선택하면 내보내기 창이 나올 거야.

여기서 우리는 유튜브에 올릴 영상을 만들어야 하니까, 사전 설정에서 [유튜브]를 선택하고, [파일 내보내기]를 클릭! 그리고 영상을 저장할 폴더 위치를 설정하고 파일 이름을 적어주고 [저장]을 클릭하면 돼.

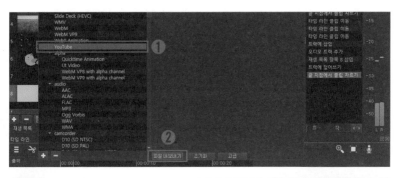

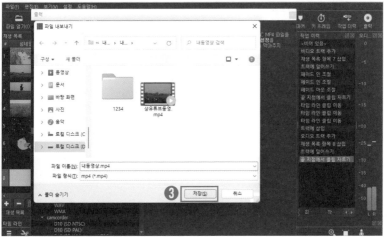

그러면 다음 그림처럼 영상이 만들어지는 시간을 볼 수 있어.

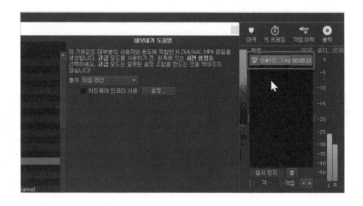

자~~~ 드디어! 영상 내보내기까지 완성되었어!!

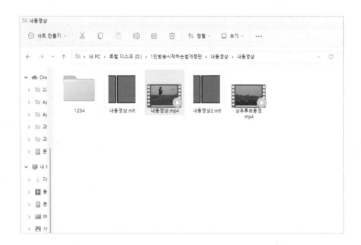

어때? 복잡한 것 같으면서도 쉽지? 이렇게 많은 기능이 있고, 사용하기 편하고 가벼운 동영상 편집 프로그램은 생각보다 드물어. 샷컷 프로그램만 있어도 유튜브를 하고 싶은 친구들에게는 충분할 거라고 생각해.

샷컷에 대해 더 자세히 알고 싶으면 유튜브에서 샷컷을 검색해서 다른 고수들이 올려놓은 사용법을 참고해봐. 그리고 샷컷 사이트에서 첫 사용자를 위한 한글 매뉴얼을 제공하고 있으니까 꼭 찾아서 보길 바라. 아니면 다음 링크를 타고 들어가면 한글 매뉴얼을 볼 수 있어! 모두 파이팅하자고!!

 샷컷 한글 매뉴얼을 볼 수 있어요!
https://shotcut.org/howtos/getting-started

자, 이쯤이면 동영상 편집에 자신감이 생겼을까? 즐겁게 배우고 익혀온 친구들도 있는 반면에 꼭 이렇게까지 해서 동영상 작업을 하려니 귀찮다고 생각하는 친구들이 있을 거야. 그런데 그거 알아둬. 원래 동영상 편집은 어도비를 쓰든, 베가스를 쓰든 엄청 귀찮은 작업이야. 세상이 그렇게 만만하지 않다고. 하핫. 그렇지만 한 번 제대로 익히고 나면 어디서든 써먹을 수 있는 귀한 실력이 쌓인다는 걸 잊지 말자고!

그럼, 이번에는 웬만한 3D게임을 무리 없이 실행할 수 있는 컴퓨터에서 실행 가능한 엄청 혜자스러운 무료 영상 편집 프로그램을 간단히 소개해줄게. 바로 다빈치 리졸브야. 이 프로그램은 요즘 뮤직비디오, 헐리웃 블록버스터 영화에서 영상의 색감을 표현하는 데 많이 사용하고 있는데, 기능도 탁월해 평도 아주 좋아.

물론 영상을 편집하는 데도 충분해. 그런데 어도비 프리미어 프로보다 직관력이 떨어지고 결정적으로 프로그램이 많이 무거워('무겁다'는 건 프로그램 사양이 높아서 전문적으로 이 프로그램을 사용하고 싶으면 컴퓨터의 성능이 좋아야 한다는 말이야). 현재 18버전까지 나와 있고 무료와 유료 두 가지 버전을 제공하는데, 무료로 사용해도 충분할 정도로 여러 기능을 제공하고 있어.

물론, 다빈치 리졸브를 잘 쓸 수 있게 처음부터 끝까지 모두 설명하려면 책 한 권으로는 모자랄 거야. 이 책에서는 우리가 꼭 알고 있어야 하는 가장 기초적인 부분만 이야기할 거야. 우선 이 책으로 기본을 익힌 후 더 알고 싶으면 직접 찾아보도록 하자고.

다빈치 리졸브의 설치, 컷편집, 자막입력, 그리고 렌더링이 핵심이야. 사실 삼촌 생각에는 이것만으로도 충분히 멋진 동영상 콘텐츠를 만들 수 있어.

자, 그럼 이제, 가장 먼저 인터넷에 검색을 해서 '다빈치 리졸브'를 찾아보자!

이 화면이 나왔다면 잘 찾은 거야. 이제 스크롤을 내리면서 다빈치 리졸브의 성능과 특징 설명을 지나 아래쪽에 있는 무료 다운로드하기 메뉴를 찾자고.

그러면 다빈치 리졸브 레볼루션 18과 다빈치 레볼루션 스튜디오 18 두 개가 보일 거야. 무료 프로그램은 왼쪽에 있는 다빈치 레볼루션 18이니까 왼쪽을 다운로드받으면 돼.

내가 쓰고 있는 컴퓨터 운영체제 프로그램을 선택해 클릭하면, 바로 다음에 내 정보를 입력하는 창이 나와. 대충 써도 다운로드되니까 시간을 내서 정성들일 필요는 없어.

그리고 다운로드는 ZIP. 파일로 받게 되는데 크기가 3GB 정도야. 이제 압축을 풀고 설치해보자고.

다른 건 건드릴 필요가 없어. [Install]을 클릭해서 설치하면 끝!

이제 다빈치 리졸브를 실행시켜보자.

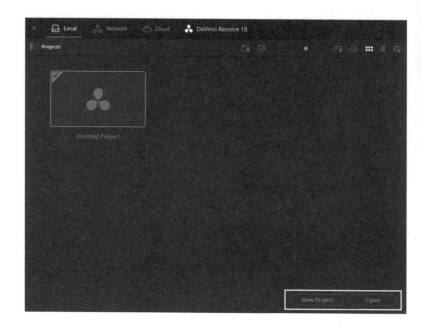

첫 화면은 이렇게 나오는데 당황하지 말자. 나중에 작업을 다시할 때 찾기 편하라고 설정하는 거야. 맨 아래쪽에 보이는 [New Project]를 클릭해서 프로젝트 파일을 만들면 돼. 나중에 만들고 싶으면 그냥 [OPEN]을 클릭하면 되고 말이지. 하지만 혹시나 영상작업을 하다가 파일이 잘못되는 것을 방지하기 위해서는 미리 프로젝트 파일을 생성시키는 게 좋아.

[New Project]를 선택해서 파일을 생성해보자. 파일이름을 적어넣은 후 [Create]를 누르면, 파일을 편집할 수 있는 화면으로 넘어가지.

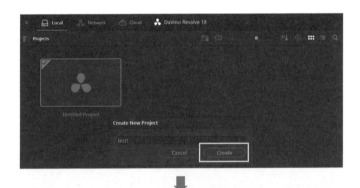

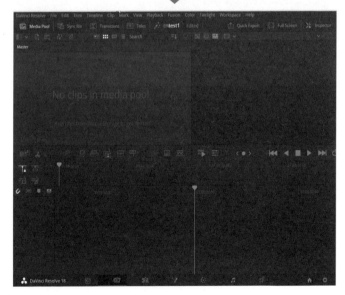

영어라서 복잡해 보이고 어려워 보이겠지만, 영상 편집 프로그램이라는 게 이름만 다를 뿐 사용법은 거의 비슷해. 그리 어렵지 않을 테니, 알지? 미리부터 걱정은 하지 말도록!

그럼, 이제 내가 편집할 영상을 불러와야겠지?

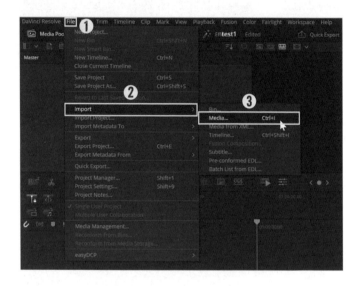

위 그림처럼, 화면의 맨 위를 보면 [File]이 있어. 그 안에 있는 [Import]와 [Media...]를 차례로 클릭해서 편집할 동영상 파일을 불러오거나, 아니면 편집할 파일을 드래그해서 불러올 수 있어.

그럼, 이런 메시지가 뜰 거야.

이게 뭐냐면 아까 우리가 프로젝트 파일을 생성했잖아. 프로젝트 파일을 생성하면 프로젝트의 동영상 세팅값이 임의대로 설정되거든. 거의 대부분이 임의로 설정된 동영상 값이랑 편집하려는 동영상의 세팅값이 달라. 그래서 '다빈치 리졸브'가 물어보는거야. "고객님? 프로젝트 세팅한 거랑 지금 편집하려는 동영상이랑 다른데요. 프로젝트를 동영상의 세팅값으로 바꾸실래요?"라고 말이지. 그래서 이런 메시지가 뜨면 [Change]를 눌러주면 돼.

그럼, 134쪽 상단 그림처럼 편집할 파일이 나타나. 이제 그 파일을 클릭한 채로 드래그해서 타임라인에 올려놓자.

★ 동영상을 드래그해서 타임라인으로 이동시킨다.

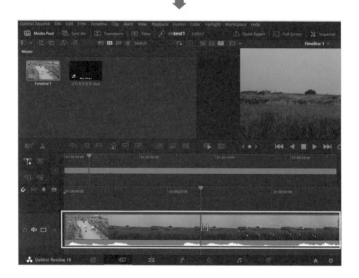

그럼 이 **영상을 원하는 길이에 맞게 잘라보자.**

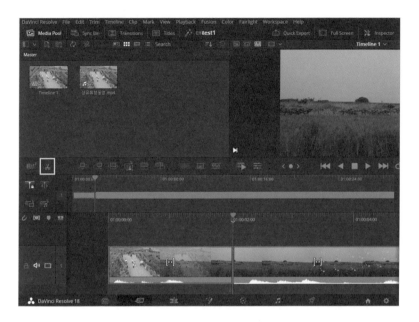

타임라인 바로 위에 가위 모양 아이콘이 보이지? 저게 영상을 자르는 도구야. 원하는 위치에 마우스를 갖다대고 클릭해서 영상을 자르거나, 좀 더 세밀하게 정확한 시간에 자르고 싶으면 타임라인의 저 빨간 막대기를 원하는 플레이 시간에 놓고 단축키로 〈Ctrl+B〉를 누르면 돼.

자, 이번에는 **자막을 넣어볼까?** 이것도 쉬워. '다빈치 리졸브'의 하단에 세 번째 아이콘을 보면 [Edit]가 있지? 클릭하면, 왼쪽에 [Toolbox]가 나오지. 거기서 세 번째 [Titels]을 클릭하면 다양한 소스의 자막툴이 나와.

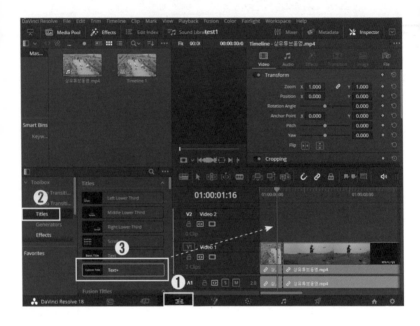

그중에 필요한 소스를 선택하고 드래그해서 영상에 자막을 넣을 부분에 놓아주면, 화면의 오른쪽에 자막 관련 툴이 나타나지. 여기서 원하는 자막 내용을 입력하고 폰트와 색을 바꿔주면 끝이야. 어때? 참~ 쉽지?

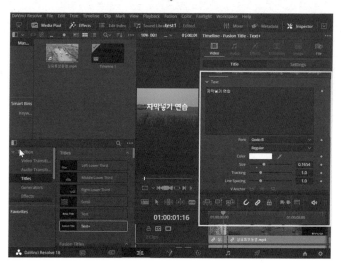

그리고 같은 설정의 자막을 복사 붙여넣기하고 싶다면, 복사
하고 싶은 자막을 클릭한 상태에서 키보드의 〈Alt〉 키를 누르고
옆으로 옮겨주면 같은 설정으로 자막이 복사돼. 화면 오른쪽에
보이는 자막툴에서 글자를 바꿀 수 있어.

복잡한 것 같아도 의외로 쉽지? 이런 식으로 하나하나 편집하
면 돼.

자, 그럼 이제 **편집이 끝난 영상을 내보내볼까?**

'다빈치 리졸브'의 제일 아래쪽에 로켓 모양 보여? 이걸 누르면 돼. 그럼, 다음 쪽의 그림처럼 [Render Settings]을 할 수 있는 창이 보일 거야. [Custom], [YouTube], [Vimeo] 이렇게 메뉴들도 보일 거야. 와! 유튜브 플랫폼에 적합하게 렌더링해주는 기능이 있는 거야.

그럼, 우린 [YouTube]를 클릭! 다빈치 리졸브의 장점 중에 하나가 이렇게 각종 동영상 플랫폼에 맞는 렌더링 소스를 아이콘으로 보여줘서, 렌더링하기가 참 편해.

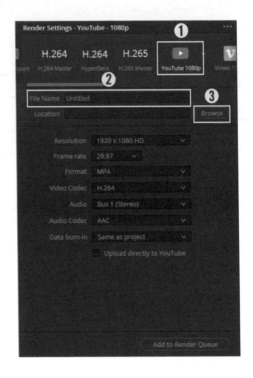

이렇게 한 후에 바로 아래쪽 [File Name]에 파일명을 적어주고, [Location]에 [Browse]를 클릭해서 동영상의 저장 위치를 설정해주면 돼.

여기까지 다 끝났으면, [Add to Rander Queue]를 클릭해줘.

그러면 오른쪽에 아까는 안 보이던 게 생겼지?

이렇게 나타났다면, 그 아래에 있는 [Render All]를 클릭해줘!

이렇게 동영상의 렌더링이 시작되었고 조금만 기다리면 완성된 영상을 볼 수 있을 거야.

어때? 처음 볼 땐 어려워 보이지만 막상해보니까 별 거 아니지? '다빈치 리졸브'를 좀 더 자세히 알고 싶으면 유튜브로 검색해서 다빈치 리졸브 전문가들의 영상을 참고해보길 바랄게.

샷컷이든 다빈치 리졸브든 결국에 영상 편집 프로그램의 최종은 어도비 프리미어 프로(Adobe Premiere Pro)로 가게 되어 있어. 아니 가야만 해. 많은 전문가들이 사용하고 있고 이젠 영상 편집의 기본이 되어가고 있거든. 추가로 영상의 퀄리티를 위해서 포토샵(Photoshop), 일러스트레이터(Illustrator), 에프터 이펙트(After Effects), 어도비 오디션(Adobe Audition) 등 편집의 퀄리티를 위해서든 아니면 영상 편집자로의 진로를 위해서든 필수적으로 배워야 하는 프로그램들도 있어.

그러니 이 책에서 배우는 프로그램들을 앞으로의 진로에 작지만 큰 발판으로 삼아보자고! 그리고 앞으로 1인 미디어 시장의 발전 가능성과 2021년 트렌드 시장을 보면 3D버츄얼 기술을 활용한 유튜버들도 많이 나오게 될 거야. 쉽다고 해서 무료 프로그램에 안주하지 말고 한 발 한 발 앞으로 나아가길 삼촌은 진심으로 바라고 있어. 미래의 유튜버, 편집자, 기획자가 되는 그날까지 모두 파이팅이다!!

영상을 만들었다고 다가 아니겠지? 구독자는 어떻게 모을까?

처음 시작할 때부터 '왜 구독자가 안 모이지?'라는 생각은 하지 말자! 인터넷은 유행이 빠르고 수십 수만 수백만의 사람들이 새로운 것을 찾고 새로운 것을 만들어내는 공간이니까.

구독자를 모으는 데 가장 좋은 방법은 '콘텐츠 공유'에서 나온다고 생각해. 때문에 좋은 콘텐츠만 만들 수 있으면 구독자 모으는 것은 그리 어렵지 않아. 다만 꾸준함만 있다면 말이지.

'띠예'라는 이름의 초등학생 유튜버 기억 나니? 주로 먹방을 올렸었는데, 지금은 중학생 정도 되었겠네. 한참 초등학생 유튜버로 스타가 되었다가 지금은 공부한다고 유튜브를 쉬고 있어. 마지막 업로드 영상이 9개월 전인 걸로 봐서는 유튜브보다는 공부를 열심히 하고 있나봐. 아직 영상은 남아 있으니까 검색해서 한번 살펴봐. 띠예의 콘텐츠는 그냥 봐도 휴대폰으로 촬영했고,

아무런 효과도 안 넣었고, 자막도 막 넣은 것뿐인데 수많은 랜선 이모와 삼촌들을 자신의 채널에 모으는 데 성공했어. 삼촌도 한 번 가서 봤는데 먹는 모습이 너무 귀여웠어. 그래서일까? 하지만 자세히 살펴보면 아이가 예쁘고 귀엽다는 이유 하나만으로 구독자들이 몰린 게 아니야.

바로 '소통' 때문이야. 서툰 자막을 통해 "토끼모자 쓰라고 하셔서 급하게 사왔어용. 헉헉"이라고 남겼는데, 이렇게 자신이 구독자들과 소통하기 위해 어떤 노력을 하고 있는지를 열심히 어필하고 있어.

좀 더 구체적인 방법은 없냐고? 당연히 있지. 먼저 동영상 제목을 사람들이 많이 검색하는 단어로 선택하는 거야. 서로 연결되는 단어를 선택해 제목을 조합하는 거지. 먹방이라면 음식 이름, 도전 이슈가 많이 되는 단어를 통해 검색노출이 잘되게 할 수 있어.

구독자 또한 '유튜브'로 모을 건지 '페이스북'으로 모을 건지 결정해서 나만의 공식 채널을 만드는 것이 좋아. 만들어진 동영상은 공식 채널에 가장 먼저 올린 후, 점차 다른 동영상 사이트로 확장해주고 해당 동영상 콘텐츠에 공식 채널의 링크를 걸어서 "구독과 좋아요를 눌러주세요"라고 말해주는 거야. 이런 방법으로 공식 채널로 구독자들을 유도해. 여기서 주의해야 할 점은 각 플랫폼마다 지정 규칙이 있다는 거야. 그러니 애써 올린 영상이 사라지는 아픔을 겪지 않도록 영상 플랫폼들의 규칙을 잘 알아보도록! 또 SNS, 특히 페이스북 그룹을 잘 활용하면 좋아. 1만 명 이상의 그룹에 가입한 후에 만든 동영상을 공유해서 자신의 채널에 방문하도록 유도하는 거지.

그리고 삼촌이 계속 강조하는데, 무엇보다 영상 플랫폼에 영상을 꾸준히 올리는 것이 중요해. 시간은 좀 걸리겠지만, 3개월 정도 하다 보면 구독자 수가 조금씩 올라가는 걸 볼 수 있을 거야. 물론, 악플도 달려. 하지만 그런 거에 하나하나 신경 쓰기 시작하면 아무것도 못할지 몰라.

꼭 기억해둬. 네가 곧 콘텐츠고, 콘텐츠가 곧 너야. 분위기 타보겠다고 제대로 된 지식 없이 막무가내로 이슈에 따라 콘텐츠를 만드는 것은 좋지 않아. 그건 보는 사람들도 다 알아. 그러니까 자신만의 콘텐츠로 승부해. 같은 먹방이라도 누가 어떻게 먹느냐에 따라서 결과는 달라지는 법이니까.

사람들의 이목을 집중시키기 위해 또 무엇을 할 수 있을까?

가장 효과적인 것이 동영상 썸네일이야. 썸네일은 동영상을 두드러지게 보여주는 간판이나 메뉴판 같은 거야. 영상의 중요 장면이나 표현하고자 하는 것을 한 장의 이미지로 만들어서 사람들이 보고 싶게 만드는 게 아주 중요해.

대부분의 사람들이 포토샵, 일러스트로 만드는데, 포토샵과 일러스트를 못한다면 어떻게 해야 할까? 파워포인트로 해보자고!!! 말 나온 김에 썸네일을 간단히 만들어볼까?

우리 집 고양이 무이와 수리를 소개할게. 지금 활용하는 영상
은 무이와 수리가 아주 어릴 때 찍어놓은 영상이야.

일단 동영상의 일부분을 캡처하자. 캡처는 사용하기 편한 툴
이 있으면 무엇이든 쓰면 돼. 참고로 윈도우에서 제공하는 기본
동영상플레이 프로그램이 원하는 장면을 아주 쉽게 캡처하도록
도와줄 거야.

캡처 이미지를 만들었다면, 이 이미지를 파워포인트의 배경으로 깔자. 그리고 여기에 재미난 문구를 넣고 배치해주자.

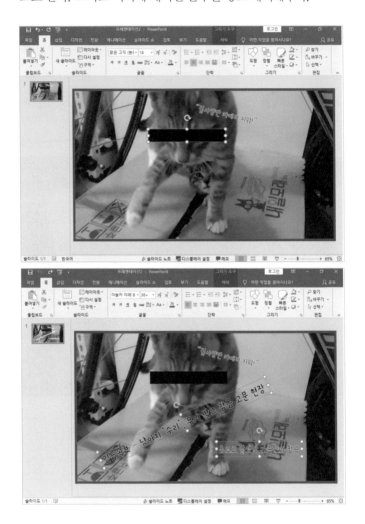

그리고 [파일]의 [다른 이름으로 저장하기]를 클릭해서 파일 형식을 JPG나 PNG로 바꿔서 저장하면 썸네일 사진 완성!!!

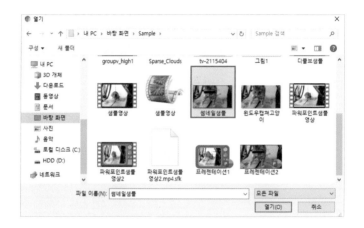

동영상 플랫폼에 영상을 업로드하게 되면 자동으로 썸네일을 지정해주는데, 자동지정으로 하지 않고 [썸네일을 설정] 메뉴를 통해 직접 만든 썸네일로 정할 수 있어. 파워포인트로 이미지 저장을 하면 보통 1920×1080 사이즈로 저장돼. 이 정도면 딱 좋은 사이즈니까 그대로 써도 무방해.

유튜브는 이렇게 맨 아래쪽 메뉴에서 썸네일을 지정할 수 있어. [맞춤 미리보기 이미지]를 클릭하면 업로드창이 뜨고, 방금 만들어 저장한 썸네일 이미지를 선택하면 이후 내가 만든 썸네일의 이미지가 보이게 될 거야.

내 채널의 구독자를 확보하기 위한 수단으로 쇼츠를 써보는 것도 괜찮을 거야. 쇼츠를 잘 알고 있는 친구들도 있겠지? 쇼츠는 2021년 12월 20일 구글에서 틱톡의 대항마로 선보인 유튜브의 짧은 동영상 서비스야. 틱톡이 전 세계적으로 인기를 끌자 15~60초 숏폼 콘텐츠의 소비가 높아졌고 1분 미만의 영상 숏폼이 하나의 트렌드로 자리 잡았어. 이에 구글도 유튜브 하위 서비스 쇼츠로 숏폼 시장에 도전장을 내며 틱톡을 견제하게 된 거지.

요즘은 사용법이 제법 간편하고 쉬워서 유튜브 쇼츠를 통해서 구독자와 조회수를 올리려는 사람들이 제법 많아졌어. 1분 미만 영상만으로 구독자를 모은 후에 점점 영상의 시간을 늘려가는 유튜버들도 많이 늘었지.

유튜브 앱에서 직접 찍거나, 미리 찍어놓은 영상을 1분 미만으로 편집해서 올려도 쇼츠로 업로드할 수 있어. 그럼 유튜브 앱의 쇼츠를 좀 더 자세히 살펴볼까? 아, 삼촌이 보여주는 쇼츠 화면은 안드로이드 폰 버전이야. 아이폰은 쇼츠에 있는 아이콘이나 기능들이 안드로이드 폰이랑 좀 달라. 아이폰으로 쇼츠를 촬영하면 효과랑 보정이라는 기능이 추가되어 있어. 이 점은 유의해서 보도록 해.

쇼츠는 유튜브 앱에서 이용할 수 있어. 참고로 유튜브 쇼츠가 서비스하는 영상 해상도의 사이즈는 HD 1080×1920이야. 그러니 촬영은 세로촬영을 권장해!

자, 유튜브 앱에서 [쇼츠 동영상 만들기]로 들어가면 다음 그

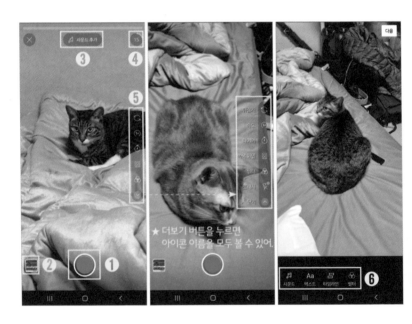

림과 같은 화면들을 볼 수 있어. 사용법이 제법 간단하니까 항목을 하나하나 설명해줄게.

① 촬영 버튼: 녹화 버튼을 누르면 촬영이 시작된다.

② 갤러리 버튼: 스마트폰 사진 갤러리에 있는 파일을 불러올 수 있다.

③ 사운드 추가: 유튜브에서 제공하는 음악 영상을 삽입할 수 있다.

④ 촬영시간 변경 버튼: 15초, 60초로 시간을 변경할 수 있다.

⑤ 촬영 도움 버튼: 카메라 뒤집기, 촬영 속도 조절, 촬영 시작 타이머 설정(3초 후, 10초 후, 20초 후로 조정 가능), 녹색 화면(크로마키 효과로 녹색 바탕의 배경에 원하는 다른 배경을 넣어 촬영이 가능), 필터(동영상 색감과 다양한 필터 효과), 카메라 플래시 ON/OFF를 설정할 수 있다. 여기까지가 기본 메뉴야.

그리고 촬영을 하다가 중간에 멈추면 기본 메뉴에 두 가지 항목이 더 추가되는 걸 볼 수 있어. 바로 정렬과 자르기야(156쪽 상단 사진 참고). 이 중 정렬 기능을 선택하면 먼저 찍었던 영상의 마지막 장면이 흐릿하게 나오는데, 그 흐릿한 그림을 피사체에 맞춰서 영상이 부드럽게 연결되게 촬영할 수 있어. 또 이를 잘 응용해서 재미있는 영상을 만들 수도 있을 거야.

★ 촬영을 하다가 중간에
멈추면 기본 메뉴에
두 가지 항목이 더 추가
되는 걸 볼 수 있어.

⑥ 촬영 영상 편집 버튼: 촬영이 끝난 쇼츠 영상을 최종적으로
꾸미는 도구다. 사운드 추가(촬영 전에 사운드를 추가하지 않았거나, 다른 곡
을 넣고 싶을 때 사용), 텍스트 삽입(촬영한 쇼츠 영상에 글자를 입력), 타임라
인 편집(영상을 자르거나 줄이는 기능), 영상 필터(영상을 더 화려하거나, 재미
있게 하기 위해 영상의 색감을 변경) 기능이 있다.

유튜브 앱의 촬영 앱은 정말 정말 기본적인 것들로만 구성되
어 있어서 좀 더 퀄리티 있는 영상을 원하면 영상 편집프로그램

에서 따로 15초에서 1분 분량의 영상을 만들어서 업로드해야 해.

쇼츠는 숏폼(1분 미만의 영상) 촬영 앱으로는 틱톡보다 기능이 많이 떨어지지만 앞으로 개발 가능성은 많이 있어. 그러니까 쇼츠를 잘 활용해서 구독자 모으는 데 도움을 받도록 해봐. 그리고 유튜브 쇼츠도 광고수익이 날 수 있게 되었어. 물론 수익을 낼 수 있는 채널에는 자격조건이 붙지만, 60초짜리라서 부담도 적고 편집의 여유도 있어서 한번 시도해보는 것도 괜찮을 거라고 생각해.

자, 다시 한 번 정리해볼까?

[돈 안 들이고 구독자를 모으는 방법과 조회수 올리기]

1. 나만의 콘텐츠를 생산한다.

2. SNS를 활용하여 공유한다.

3. 제목과 썸네일에 집중한다.

  - 제목은 사람들이 많이 검색하는 단어들을 집어넣는다.

  - 썸네일은 영상의 줄거리이자 예고편이라 생각하고 호기심을
    유발하도록 만든다.

4. 유튜브 쇼츠를 최대한 활용한다.

5. 꾸준하게 콘텐츠를 업로드한다.

6 스마트폰 무료 앱을 이용해
영상을 만들어보자!

　지금까지 알려준 영상 편집 프로그램은 컴퓨터(노트북)를 활용해야 하는 방법이었어. 그렇다면 항상 손에 들고 다니는 스마트폰을 이용하는 방법은 없을까? 당연히 있어. 몇 개의 간단한 어플로 해결이 가능한데, 삼촌이 쓰고 있는 어플로 설명해줄게.

　바로 VLLO(블로)라는 앱이야. 무료와 유료 기능이 있는데 무료로만 사용해도 다양한 영상 효과를 낼 수 있어. 영상에 워터마크도 남지 않고, 영상에 대한 시간제한이 따로 없는 것도 큰 장점이야.

위 사진에서 볼 수 있듯 블로는 컴퓨터에서 보는 동영상 프로그램처럼 각각의 트랙으로 설정되어 있어. 배경음악은 블로에서 제공한 저작권에 위배되지 않은 음악을 넣어서 써도 되고, 내 폰에 저장되어 있는 음악을 넣을 수도 있어. 배경음악뿐만 아니라 효과음도 넣을 수 있고, 직접 내 목소리를 녹음해서 사용할 수 있는 기능도 제공해. 그래픽에서는 영상에 각종 효과를 넣어줄 수

있고 자막도 예쁘게 넣을 수 있어! 정말 무료 버전인데도 다양한 기능이 있지?! 물론 무료 버전에는 영상 효과에 대한 제한이 걸려 있긴 해. 그래서 살짝 아쉬울 수 있지만, 앞에서 말했듯 무료 기능만으로도 아주 충분히 예쁘고 재밌는 영상을 만들 수 있으니 걱정하지 마~ 컴퓨터의 성능이 떨어지거나 영상 프로그램을 구입하는 게 부담스럽다면 이 어플로 시작해보길 추천해.

그리고 요즘 크리에이터들이 많이 사용하는 어플을 소개해줄게(구글플레이 기준). CapCut(캡컷), 키네마스터, VivaVideo(비바비디오)가 있어.

이 어플들 말고도 동영상 편집 어플은 아주 많아. 다운로드받아서 사용해보는 것은 무료니까 이것저것 써보고 자신에게 맞는 어플을 선택해서 쓰면 돼. 동영상 편집 어플은 개인 취향인 거지,

쓰는 방법은 거의 비슷하니까, 크게 어려운 건 없을 거야.

자, 이번엔 한 번에 찍어서 바로 동영상 플랫폼에 올릴 수 있는 어플을 소개해줄게. **삼촌이 '15초의 혁명'이라고 별명을 붙인 어플인데, 바로 동영상 편집 및 업로드 어플인 '틱톡'이야.** 틱톡은 지금 현재 유행하고 있는 숏폼(1분 미만의 짧은 영상)의 유행을 일으켰다고 해도 과언이 아닌 어플이야.

중국에서 만든 어플이라서 개인정보유출 등의 다양한 이슈들이 있었지만, 아직까지는 틱톡만큼 전 세계적으로 사용자도 많고 다양하게 활용하고 있는 숏폼 전용 플랫폼은 없다고 생각해. 틱톡이 빠르게 젊은 사람들 사이, 특히 10대들 사이에서 유행을 하고 '밈'이라는 놀이문화가 탄생하기도 하면서 가입자가 많아지다 보니까, 위기를 느낀 구글에서도 숏폼의 위력을 느끼고 유튜브

쇼츠라는 서비스 만들었다고 해도 틀린 말은 아닐 거야.

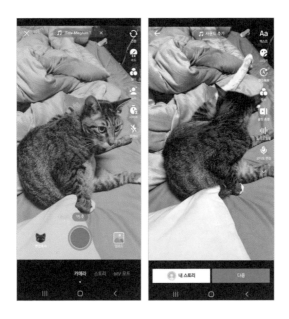

　틱톡이 처음 서비스되었을 때는 영상 촬영 기능이 별로 없었 거든. 자막 넣는 기능도 없었고 스티커나 편집 효과를 주는 필터 효과 기능도 없었는데, 지금은 정말 엄청나게 다양한 기능들이 추가되었어. 틱톡이 2017년 5월에 처음 서비스를 시작해서 전 세 계적으로 유행을 타기까지 불과 5년밖에 안 걸린 것도 대단하지 만, 어플을 보완 개발하고 발전하는 속도가 엄청 빠르고 이렇게 까지 유행을 선도하는 어플이 될 줄은 상상도 못했어. 예전보다

더 많은 기능을 가지고 있기 때문에 잘만 활용하면 신선하고 재미있는 콘텐츠를 바탕으로 너희들의 유행을 일으키는 밈도 만들어낼 수 있을 거라 생각해.

좋은 콘텐츠가 있다면 틱톡을 발판 삼아서 글로벌 크리에이터 진출도 노려보길 응원해! 우리 친구들이 인플루언서로 가는 길에 좋은 이정표가 될 거라고 생각해! 다들 힘내자고!

6장.

실시간 방송 쉽게 하기

실시간 방송을 하려면
어떤 준비가 필요할까?

스마트폰 앱 이용,
방송용 컴퓨터 세팅하기

이번에는 실시간 방송 방법을 알아보도록 하자. 실시간 방송을 하려면 어떤 준비가 필요할까?

일단 동영상 중계용 컴퓨터는 기본적으로 있어야겠고, 다른 스트리머들이 방송하는 것을 보니까 조명에, 마이크에, 뭐가 많이 필요해 보이는데…… 장비를 사서 해보려니 비용도 만만치 않아 보인다. 그치?

일단 삼촌이 가진 장비를 공개할게. 삼촌은 직접 방송을 하기보다는 다른 사람들이 인터넷 방송을 필요로 할 때, 그곳에 가서 대신 인터넷 방송을 해주고 있어. 그래서 다른 방송인들과는 사

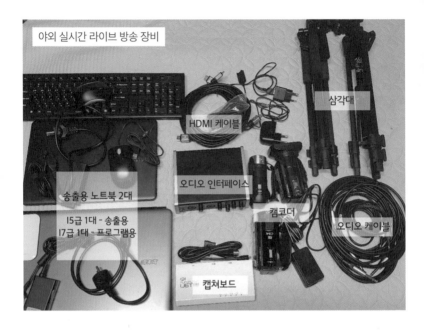

야외 실시간 라이브 방송 장비

삼각대

HDMI 케이블

오디오 인터페이스

송출용 노트북 2대

I5급 1대 - 송출용
I7급 1대 - 프로그램용

캠코더

오디오 케이블

캡쳐보드

용하는 장비의 차이가 있지만, 그래도 기본적인 것은 비슷해.

이런 장비들을 구하기까지 삼촌도 어려움이 있었어. 처음에는 빌려서 사용하다가 조금씩 돈을 모아서 산 제품들이야. 그런데 이만 한 장비를 구할 경제적 여건이 안 된다면? '장비'가 부족하면 방송을 할 수 없는 걸까?

삼촌의 대답은 "Yes"야! 그렇다고 오해하지 마라. '엄마론(엄마돈)', '엄카(엄마카드)' 쓰라는 소린 절대 아니니까······.

우리에겐 비장의 장비가 있거든. 바로 스마트폰! 스마트폰 하나로도 실시간 방송을 할 수 있어!

1   스마트폰으로 실시간 방송 쉽게 하기

컴퓨터로 방송하기 어려운 사람들은 언제 어디서나 편하게 들고 다닐 수 있는 스마트폰으로 방송을 시작해보자고! 이제부터 '카메라파이 라이브'와 '스푼 라디오' 앱을 이용해 방송하는 법을 설명하도록 할게. 아주 간단하니 긴장하지 않아도 돼. 하지만! 잊지 마, 뭘로 방송하던 간에 꾸준히 하는 게 가장 중요해.

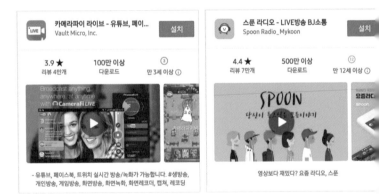

삼촌이 소개할 '카메라파이 라이브'라는 어플을 이용하면 언제 어디서든 안정적으로 실시간 방송을 할 수 있어. 무료 버전이지만 최고화질을 1080p 이상 송출할 수 있지!! 다만, 내 방송 화면에 워터마크가 찍힌다는 단점이 있어.

하지만 다양한 방송 플랫폼에 개설한 계정만 입력하면 언제든 방송할 수 있다는 장점이 크지. 입맛대로 골라서 방송하면 돼.

'카메라파이 라이브'는 내 폰 화면을 방송할 수 있는 기능도 있는데, 이게 아주 좋아. 실제로 한번 해볼까? 이 기능을 이용해 내 폰에서 게임을 하며 방송을 진행해보는 거야.

먼저 방송할 플랫폼을 선택한 후 계정을 접속해. 그런 다음 화면을 터치하면 어플 밖으로 나가게 되고 화면 위로 작은 위젯이 생겨. 이걸로 방송 준비는 끝!

　작은 위젯을 터치하면 새 창이 하나 열리는데, 이 창에서 방송을 설정하면 돼. 새 창 밑의 [GO]라고 쓰인 부분을 터치하면 설정창이 나와. 여기에 방송 제목, 방송 화질을 입력하면 잠시 후 방송이 시작돼.

　하지만 한 번 방송을 설정하면 설정을 바꿀 때까지 내용이 계속 고정되니까 다른 방송을 하게 될 때는 다시 설정에 들어가서 방송제목을 바꿔주고 방송해야 해.

이 아이콘을 터치하면
방송을 켜고 끌 수 있다.

스마트폰의 화면이 실시간으로 송출되고 있다.

구독자와의 소통은 어떻게 하면 될까? 채팅메뉴를 치면 채팅이 나오니까 너무 걱정하지 않아도 돼. 단, 방송할 때는 카톡을 잠시 꺼두는 게 좋아. 폰 화면을 직접 연결하는 것이기 때문에 카톡 내용이 방송을 타고 모두 보일 수 있어. 또 전화가 오면 방송이 멈춰. 그런 단점이 있으니 주의하길 바랄게.

"저는 라디오 DJ처럼 방송하고 싶어요"라는 친구들도 있을 거야. 그러면 나는 지체 없이 '스푼 라디오'를 추천해.

실행 방법도 간단하고, 청취자들도 많은 편이야. 최대 방송시간은 2시간으로 한정되어 있어. 라디오 디제이처럼 음악을 틀어 방송할 수 있고, 여러 가지 콘셉트로 오디오 방송을 할 수 있는 플랫폼이야. 방송은 스마트폰 어플로만 가능하고, 듣는 건 스마트폰 어플과 스푼 사이트에서 들을 수 있게 해놨어.

어떻게 보면 '페이스북 오디오 라이브'나, '팟캐스트'보다 소통이 빠르고 매력적으로 다가오는 방송 어플이라고 생각해. 또 '스푼 라디오'는 '스푼'이라는 화폐가 있어. 별풍선처럼 BJ에게 보상으로 쏴주는 거야. '스푼'이 일정량 모이면 돈으로 환전할 수 있는데, 스푼 500개부터 환전 가능해.

'스푼 라디오'를 하는 방법은 간단해. 어플을 깔고 회원 가입과 회원 인증을 한 후에 어플 아래에 보이는 동그랗고 노란 [+]를 클릭해서 주제 태그를 정하고, 방송 이름과 인사말을 입력한 다음 상단의 [시작]을 누르면 바로 방송이 시작돼.

여기서 분명히 짚고 넘어가야 할 것은 본인의 프로필을 예쁘게 꾸며야 한다는 점이야. 그리고 청취자들과 소통을 하는 거지. 삼촌도 이거 보니까 예전에 '세이클럽'에서 방송했던 게 생각이 나서 요즘 '나도 한번 다시 해볼까?' 하는 생각을 하고 있어.

간혹 꿀보이스를 가진 BJ를 찾아서 듣는데, 청취자 입장에서 목소리 좋은 사람과 전화 통화를 하고 있는 느낌이 들어서 좋아. 동영상으로 하는 실시간 방송이 너무 어려운 친구, 얼굴이 보이는 게 싫은 친구들한테 적극 추천할게.

컴퓨터를 세팅하기 전에 인터넷 방송이 어떤 식으로 송출되는지, 그림을 통해 간단히 살펴보자.

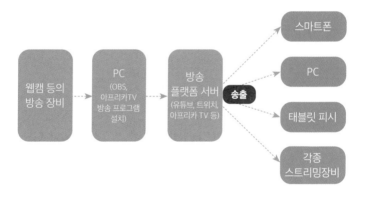

아주 간단하지? 여기서 어떤 방송을 할 것이냐에 따라서 컴퓨터 한 대가 더 추가될 수 있고, 각종 보조장비들(오디오장비, 미디어 스위처, 크로마키 등)도 추가될 거야.

다음으로 내 컴퓨터의 사양을 점검해보자. 실시간 방송을 하더라도 컴퓨터 사양이 높고 낮음에 따라 할 수 있는 방송이 있고, 할 수 없는 방송이 있어. 만일 가지고 있는 컴퓨터의 CPU 사양이 i5 이하라면 게임 방송은 포기해. 게임을 하는 것만으로도 컴퓨터의 자원이 모자라기 때문에 방송까지 할 수가 없어.

1080FullHD 방송은 절대 못해. 실시간 방송은 말 그대로 생방송이야. 컴퓨터의 처리 속도가 느리면 고화질의 실시간 방송을 할 수가 없어. 억지로 시도하더라도 화면이 끊기고 버퍼링 현상이 계속 일어나서 방송하는 사람도, 방송을 보는 사람도 답답하고 속상해.

안정적인 방송을 위해서는 i7 CPU를 탑재한 컴퓨터가 필요해. 삼촌도 예전에 i5 CPU가 탑재된 노트북으로 방송을 해본 적이 있는데, 해상도를 낮춰서 겨우 방송했던 기억이 나.

컴퓨터 사양만 좋다고 방송이 원활하게 진행되는 건 아니야. 집에 연결된 인터넷 속도도 영향을 끼치지. 인터넷 속도는 인터넷 속도 측정 사이트에 들어가서 측정을 해보면 알 수 있어.

중요한 건 다운로드 속도가 아니라 업로드 속도야. 방송을 하게 되면 내 컴퓨터의 정보가 인터넷 회선을 타고 나가게 되는 거잖아? 그러므로 업로드 속도가 중요한 거지. 실시간 방송은 업로드 속도가 높게, 잘 유지되어주면 좋아. 평균 업로드 속도가 500Mbps 이상 나와줘야 끊김 없이 안정적인 방송을 할 수 있어.

이렇게 컴퓨터 스펙과 인터넷 속도를 확인한 결과, 실시간 방송이 가능하다고 판단된다면 본격적인 준비에 들어가보자.

실시간 방송이 가능한 플랫폼으로는 아프리카TV, 유튜브, 트위치, 페이스북, 인스타그램 등이 있어. 이 중 아프리카TV는 자체적으로 가상 스튜디오를 꾸미는 방송 프로그램을 지원해주고 있어. 다른 플랫폼들은 가상 스튜디오 기능이 지원되지 않거나 너무 약해서 별도의 프로그램을 사용하는 게 좋아.

대표적인 가상 스튜디오 프로그램으로는, 현재 많은 인터넷 방송인들이 사용하고 무료 버전도 제공되는 'OBS스튜디오'가 있어. 지금부터 'OBS스튜디오'를 내 컴퓨터에 세팅해볼까? 컴퓨터 사양이 낮은 친구들도 방송할 수 있도록 720p급의 HD동영상 송출에 맞춰 세팅해볼 거야. 이 정도 수준에서는 게임 방송은 어렵다는 점도 참고해줘.

OBS스튜디오로 방송 준비하기

일단 구글에서 'OBS'를 검색해서 컴퓨터에 설치하자.

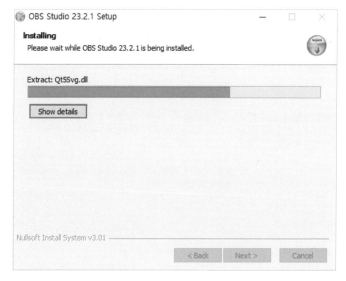

설치가 끝났으면 프로그램의 메뉴 구성을 하나하나 살펴보자.

각종 옵션을 설정할 수 있는 메뉴가 있다.

송출 장면 추가 및 삭제, 화면전환을 할 수 있고, 캠 화면, 미디어 화면 등 송출시킬 화면을 설정할 수 있다.

송출되는 방송의 오디오 볼륨을 설정할 수 있다.

장면이 전환되는 옵션을 바꾸거나 설정할 수 있다.

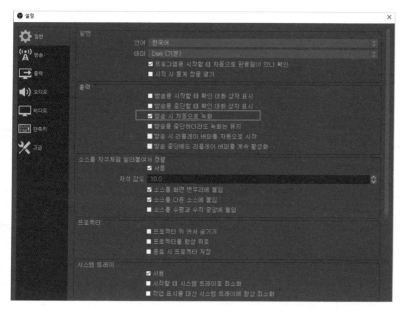

[설정]으로 들어가면 제일 먼저 보이는 게 [일반]이라는 메뉴인데, 거기에는 방송을 할 때와 녹화만 할 때의 설정이 따로 있어. 실시간 방송을 하면서 녹화를 같이 하고 싶다면, [출력] 부분에서 [방송 시 자동으로 녹화]를 체크해.

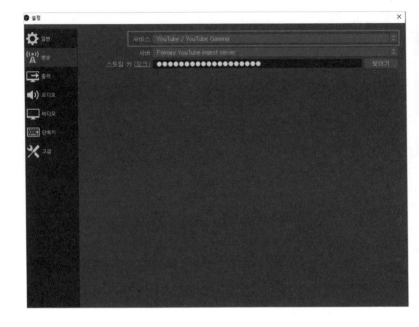

그다음에 [방송] 메뉴로 들어가면 방송 가능한 플랫폼들을 볼
수 있어. 여기서는 [유튜브]로 설정해놓자. 밑에 있는 [스트림 키]
는 방송을 하기 전에 넣어야 하는 건데, 지금은 설정 방법만 알고
가자. [스트림 키]를 넣는 방법은 뒤에서 알려줄게. 그리 어렵지
않아.

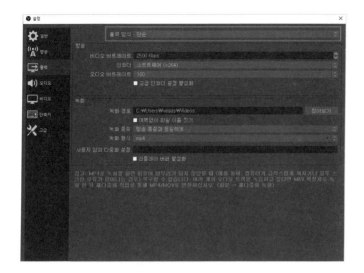

[설정]의 [출력] 항목으로 들어가면 맨 위에 [단순]이라는 메뉴가 보이지? 이걸 [고급]으로 바꿔줘. 그럼 다음처럼 뭐가 많이 나오는데 절대 당황하지 말자.

[방송] 탭에서는 [인코더]와 [비트레이트]만 설정하면 돼.

[인코더]는 컴퓨터의 CPU를 사용하는 'x264'가 좋은데, 내 컴퓨터의 CPU 사양이 낮다면 'h.264'가 좀 더 나을 수 있어. 이런 설정에 신경 쓰는 것은 최소사양의 컴퓨터에서도 무리 없이 잘 돌아가도록 하기 위해서야.

화질도 컴퓨터에 무리가 없도록 선택하는 게 좋아. [출력배율 재조정]이라고 있지? 최소사양의 컴퓨터로는 1920×1080 해상도의 FullHD를 출력하기에는 너무 버거우니까 1280×720의 HD급 해상도로 맞추자.

그다음 [비트레이트]를 설정해보자. 기본적으로 [2500]으로 설정되어 있어. 이런 경우 화질이 뭉개지는 현상이 나타날 수 있어. HD급인 720p기준의 방송 기준으로 3000~4000이 괜찮은 편이야.

[데이터율 제어]는 [CBR]로 유지하면 되고, [CPU 사용량]은 [faster]로 변경하자. 나중에 이 설정은 시험 방송을 해보며 조금씩 바꿔서 최적의 조건을 찾아야 해. 지금 설정은 삼촌의 경험을 바탕으로 설명한 거니까 삼촌과 똑같이 맞출 필요는 없어.

이제 [녹화] 탭을 클릭해보자.

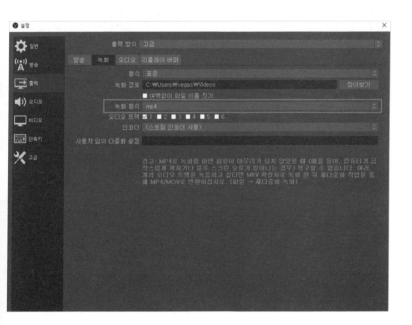

여기서 방송할 때나 녹화할 때 저장되는 폴더를 지정할 수 있고, [녹화 형식]이 기본적으로 [flv]라고 되어 있는데, 이걸 [MP4]로 바꿔주면 완성! 간단하지?

그다음은 [오디오] 설정이야. 다음처럼 [오디오 비트레이트] 설정은 [128]에 맞춰줘.

자, 송출에 대한 고급 설정은 여기까지! 반드시 직접 실행해보고 가장 적합한 수치를 찾는 게 숙제니까 여러 번 시도해보고

가장 안정적인 것을 찾도록 해. 그리고 괜히 욕심내서 두 군데 이상의 플랫폼에 방송을 송출하겠다는 생각은 하지 마. 하나의 채널에서만 방송하더라도 안정적인 영상이 송출되는 게 좋아.

설정을 다 마쳤으면 맨 밑에 있는 [고급] 메뉴로 들어가서, 맨 위에 있는 [프로세스 우선 순위 설정]을 [실시간]으로 설정해줘.

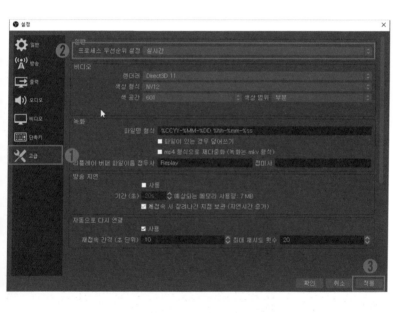

마지막으로 맨 밑에 있는 [적용] 버튼을 눌러주면 설정은 끝!!

자, 그럼 이제 영상의 배경이 되어주는 [장면]을 설정해보자!!

그림 하단에 여러 가지 메뉴들이 보이지? 여기서 내 방송을 볼 시청자들에게 보여줄 송출화면을 설정할 수 있어.

[장면 목록]이라고 되어 있는 부분은 큰 캔버스라고 생각하면 이해하기 쉬워. 여기에 이미지를 추가해서 넣어주면 다양한 장면을 연출할 수 있어.

　일단 내 모습을 보여줄 수 있게 컴퓨터에 연결된 웹캠이나 카메라를 불러와볼게. 아래쪽 [장면 목록] 옆에 [소스 목록]이 보이지? 맨 밑에 있는 [+]를 클릭하면 다양한 메뉴창이 나오는데, 여기서 [비디오 캡처 장치]를 선택하고 [확인]을 눌러줘. [비디오 캡처 장치]는 USB나 캡처보드를 통해 연결된 카메라나 다른 미디어 기기를 불러오는 기능을 해.

[장치]라는 부분을 클릭해보면 컴퓨터에 USB나 캡쳐보드로 연결되었거나 노트북에 기본 탑재된 웹캠의 이름을 볼 수 있을 거야. 삼촌은 컴퓨터에 따로 연결된 게 없으니 기본 탑재된 노트북 웹캠을 쓸 거야. 따로 웹캠이 연결되어 있다면 그걸로 설정하도록 해. 그럼 모니터에 캠으로 내 모습이 보이는 영상이 나올 거야. 간혹 화면이 잘려서 보일 때가 있는데, 그럴 땐 [해상도/FPS

유형을 [기본 설정 사용]이 아니라 [사용자 정의]로 설정해준 다음, 아래쪽 [해상도] 부분의 해상도를 카메라 장치가 기본으로 제공하는 영상 사이즈로 맞춰주면 화면이 짤리지 않고 잘 나올 거야. 이렇게 설정을 마치면 마지막으로 [확인]을 눌러주면 돼.

그럼, 다음처럼 영상이 나오는데, 마우스로 크기와 위치를 조절할 수 있으니까 취향에 맞게 설정해줘.

이번엔 다른 기능을 활용해볼까? 화면에 자막을 넣어볼게.

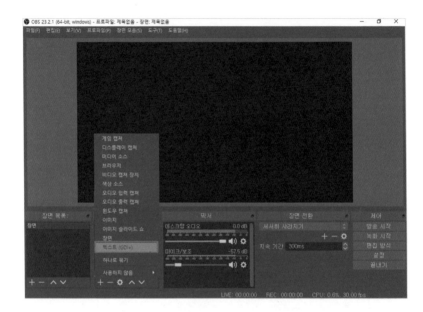

[소스 목록]의 [+]를 눌러서 맨 아래의 [텍스트]를 클릭하자.

[확인]을 누르면 문구를 넣을 수 있는 창과 글꼴 등을 설정할 수

있는 창이 뜰 거야.

텍스트를 입력하고 글꼴 서식을 정리하자. 여기까지 다 됐으면 [확인]을 누르고 마우스로 텍스트 상자의 크기를 조절한 뒤에 위치를 맞춰주면 돼.

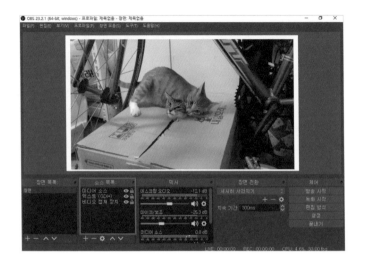

[소스 목록]은 화면을 덮는 이미지의 목록이야. 가장 위에 있는 내용이 화면의 맨 앞에 덮이는 이미지야. 그러므로 화면에 나오는 이미지의 앞뒤 순서를 조절하고 싶으면 [소스 목록]에 있는 목록의 위치를 마우스 드래그로 바꿔주면 돼. 참고로 그 옆에 있는 [눈동자 아이콘]은 화면에 표시된 설정들을 끄거나 켜는 상태를 보여주는 거야.

이번엔 내 모습이 담긴 캠은 작게 만들고 뒤에 다른 영상이 나오게 하는 방법을 알려줄게. 방식은 똑같아. [소스 목록]의 [+]를 누르고, [미디어 소스]를 선택한 다음에 [확인] 클릭! 그다음에 [찾아보기]를 누르고 방송으로 송출하고 싶은 동영상을 찾아서 [확인]을 눌러주면 돼.

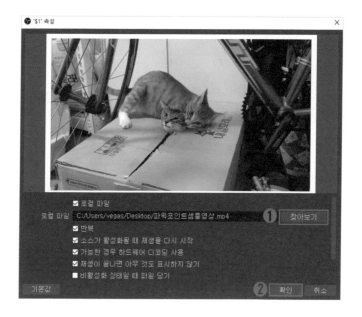

그럼, 다음처럼 메인 동영상창이 작게 잡히는데 마우스를 이용해서 크기를 늘려주면 돼.

이 외에도 다양한 기능들이 있으니까 멋지게 장면을 꾸며보자. 방식은 조금 전과 똑같아. [소스 목록]의 [+]를 누른다. 원하는 [메뉴]를 고른다. [확인]을 누른다. [설정]을 한다. 마우스로 크기나 위치를 조절한다. 쉽지?

[장면] 설정이나 [소스] 설정은 방송 콘셉트에 맞게 미리 세팅을 해두는 게 좋아. 각 장면이나 소스들은 이름변경이 가능해. 그래서 이름을 따로 설정해서 저장해두면 방송할 때 헷갈리지 않고 잘 찾아서 송출할 수가 있어.

삼촌도 미리 다섯 가지 정도의 장면을 만들어놓고 방송을 해. 보통 ①오프닝이미지 ②1번카메라 ③2번카메라 ④복합화면 ⑤엔딩, 이렇게 설정해놓지. 각 부분의 소스들도 그날의 방송 콘셉트에 맞게 미리 세팅해두고 방송을 해. 이렇게 한 번 세팅해두면 자동으로 변경되지 않아서 같은 형식의 방송을 반복해서 할 때 매우 편리해.

자, 준비는 다 마쳤고, 그럼 이제 본격적인 방송을 해볼까?

우선 유튜브에 접속하자. 다음으로 맨 위에 동그란 모양의 내 프로필을 클릭해. 그럼 아래쪽으로 메뉴가 뜨는데 [YouTube 스튜디오(베타)]로 들어가서 [지금 실시간 스트리밍하기]를 클릭해.

202

그럼, 화면이 전환되고 맨 아래쪽에 [인코더 설정]이라는 칸이 보일 거야. 거기에 [스트림 이름 및 키]라는 부분이 있어. 이걸 '스트림 키'라고 하는데, 절대 외부에 노출되어선 안 돼! 만약 잘못해서 스트림 키가 유출되면 다른 사람이 내 채널에서 마음대로 방송을 내보낼 수도 있거든? 그러니 항상 스트림 키 보안에 신경을 써야 해.

방송을 하려면 해당 스트림 키를 복사해서 OBS스튜디오에 입력하면 돼. 보기에는 그냥 점으로만 되어 있잖아? 그런데 이대로 그냥 복사하면 아무것도 실행되지 않아. 점 옆에 [표시]를 클릭하면 글자와 숫자 조합이 나오는데 이 상태에서 〈Ctrl+C〉로 복사해서 가져가야 해.

그리고 OBS스튜디오의 [방송] 메뉴에 있는 [스트림 키] 부분에 〈Ctrl+V〉로 붙여넣기한 후 [적용]을 눌러주면, 방송 준비는 끄읏!!

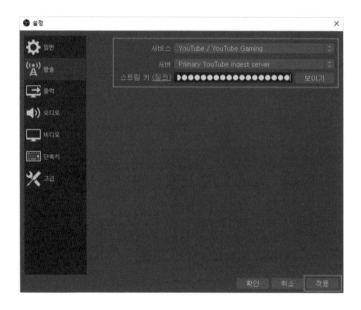

이제 [방송 시작] 버튼을 누르면 내 유튜브 채널에서 실시간 방송이 진행된다.

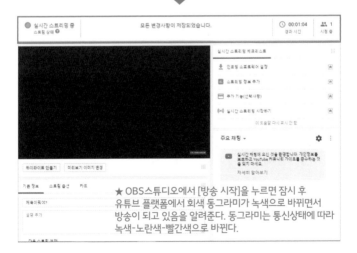

★ OBS스튜디오에서 [방송 시작]을 누르면 잠시 후
유튜브 플랫폼에서 회색 동그라미가 녹색으로 바뀌면서
방송이 되고 있음을 알려준다. 동그라미는 통신상태에 따라
녹색-노란색-빨간색으로 바뀐다.

그런데 방송을 시작하기 전에 먼저 할 일이 있어. 잊지 말고 오늘의 방송 제목과 내용을 먼저 쓰기!

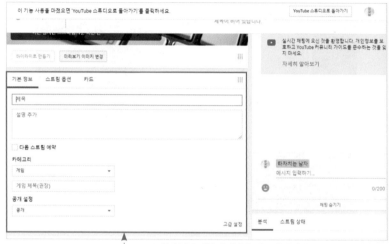

                    ┈┈┈★ 잊지 말고 제목과 내용은 반드시 작성하자.

또 알아둬야 할 건 실시간 방송은 시청자들과 시간 차이가 있다는 거야. 시청자의 반응이나 댓글이 올라오는 타이밍이 늦는 이유가 이 때문이야. 실시간이라고는 해도 방송을 송출하는 컴퓨터의 처리 속도와 인터넷의 업로드 속도에 따라 조금씩 지연되고, 구독자들의 인터넷 속도에 따라서도 영향을 받아. 대략 5~15초 정도의 시간차가 발생하니, 이점을 염두에 두고 방송하면 돼.

이 밖에 방송을 하면서 녹화도 하는 기능이 있는데, 녹화를 해 두면 자신의 방송을 모니터할 수 있고, 재미있다고 생각되는 부분을 편집해서 하이라이트 영상을 만들어 업로드할 수도 있어. 따라서 녹화는 필수야. 물론 실시간 방송이 끝난 후 유튜브에 올려진 영상을 다운받아 사용하는 방법도 있지만, 유튜브가 자동으로 해상도와 화질을 낮추기 때문에 편집용으로는 부족한 감이 있어.

자, 그럼, 방송을 하면서 동시에 녹화하는 방법을 배워볼까? 의외로 간단해. 우선, OBS 설정화면 상단의 [파일] 메뉴로 들어가서 [설정]을 클릭해.

그리고 [일반] 부분에 [출력] 항목의 세 번째 [방송 시 자동으로 녹화]를 체크해.

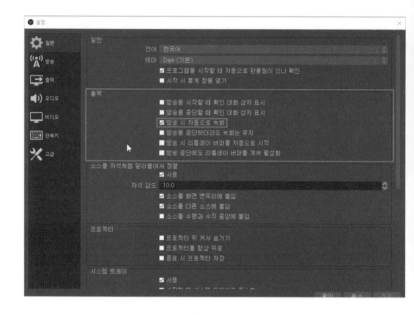

이제 다시 왼쪽의 [출력]을 클릭해서 [출력 방식]이 [고급]으로 되어 있는지 확인한 후, [방송] 옆에 있는 [녹화] 탭을 눌러서 [녹화 형식]을 [mp4]로 변경해. 그럼 실시간으로 방송했을 때 설정해놓은 해상도와 같은 해상도로 녹화가 될 거야.

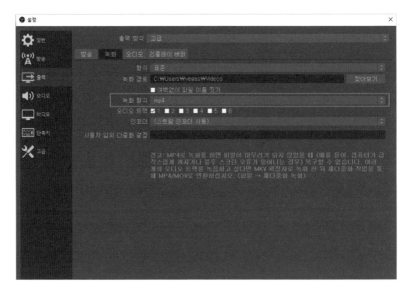

　　여러분도 이미 짐작하고 있겠지만, 이 방법들은 꼭 유튜브에서만 사용할 수 있는 게 아니야. 아프리카TV, 트위치에서도 할 수있어. 앞에서 얘기했듯 아프리카TV는 자체 개발한 방송 프로그램이 있어서 누구나 방송을 쉽게 할 수 있게 해놨어. 트위치는 OBS에서 방송 플랫폼 설정을 트위치로 바꾸고 트위치에서 제공한 개인 스트림 키를 넣어주면 돼. 어려운 거 아니니까 여러분이 직접방송해보고 싶은 플랫폼에 찾아가서 한번 경험해보길 바랄게.

자, 여기까지! 삼촌이 직접 경험해본 것을 토대로 설명해보았어. 어찌 보면 삼촌만의 노하우일 수 있지. 그러나 처음으로 1인 방송을 시작하려는 친구들에겐 꽤 유용할 수 있다고 생각해. 저비용이면서 간단하잖아.

여기서 앞으로 더 나갈지, 멈출지는 너희들의 선택이야. 단언컨대 너희들이 1인 방송인으로서의 자부심을 가지고 꾸준히 해나간다면, 분명 주목해주는 사람들이 나타날 것이고 그중에 누군가가 좀 더 좋은 방송환경을 제공해줄 거라 생각해.

이미 여러 번 이야기했지만, 꾸준히 하는 것을 잊지 마. 너희들은 할 수 있어! 꼭 할 수 있다는 신념을 가지고 즐겁게 잘해나가길 응원할게.

7장.

모든 제품에는
설명서가 있다!

⏸ ⏭ 🔊)

방송을 시작하기 전에
반드시 설명서를 읽자!

너희들이 스마트폰이나 전자제품을 사면 함께 오는 것이 있어. 바로 사용 설명서야. 각 방송 플랫폼에도 플랫폼 운영 규정이나 방송 방법 등을 설명해놓은 메뉴가 있어.

그런데 대부분의 친구들이 이 부분을 그냥 넘기고 바로 방송을 시작해. 처음 시작할 때는 별생각이 없다가 나중에 자신의 계정이나 콘텐츠에 문제가 생겨버렸을 때에야 부랴부랴 문의메일로 문제를 해결해달라고 요청하곤 하지.

처음부터 운영 규정을 잘 알아두었다면 이런 일이 없었을 거야. 작은 실수나 부주의라고 생각하겠지만 심각한 문제가 벌어질 수도 있어. 억울하지만 내 콘텐츠가 삭제되거나 계정을 차단 당하고 나면 구제 방법이 매우 복잡하고 오랜 시간이 걸리기 때문 이야.

유튜브나 트위치는 외국 회사라 문의에 대한 처리 속도가 많 이 느려. 그래서 삭제나 차단을 당하게 되면 계정을 새로 만들어 처음부터 다시 시작해야 하거나, 상처받고 포기하는 게 다반사지.

방송을 시작하기 전에 설명서를 한 번이라도 꼼꼼하게 읽어 봤으면 그런 일을 당하지 않을 텐데…….

유튜브는 '유튜브 아카데미'라는 카테고리를 통해 유튜브에 영상을 올릴 때 벌어질 수 있는 저작권 문제나 커뮤니티 규정, 실 시간 방송의 최적화 방법들을 자세히 설명하고 있어. 솔직히 말 해서 삼촌이 지금 알려주는 내용보다 더 전문적이고 자세해. 트 위치나 아프리카TV도 마찬가지이고. 그러니 실시간 방송을 하 든, 직접 제작한 콘텐츠를 올리든 반드시 설명서를 읽어보고 시 작했으면 좋겠어.

그리고 이제부터 하는 이야기는 아주 중요한 문제인데, 바로, 저작권 위반에 관해서야.

유튜브 영상을 보다 보면 저작권 위반 사례가 매우 많아. 대부분 잘 모르고 위반한 경우들인데, 단순히 콘텐츠 삭제만으로 끝나지 않을 수도 있어. 유튜브는 창작자 보호를 위해 저작권을 도용한 콘텐츠의 수익을 원저작권자에게 주거나, 아예 콘텐츠를 삭제해버리는 커뮤니티 규정을 갖고 있거든.

그런데 만약에 원저작자가 저작권 위반으로 고소를 해온다면? 이때는 문제가 아주 심각해져. 저작권법은 형사 처벌 대상이기 때문에 원저작권자와 타협한다 하더라도 법적 처분을 받을 수 있어. 그래서 음악과 소스 영상을 삽입할 때도 저작권리를 잘 알아보고 사용해야 해.

"삼촌, 남들도 다 쓰고 있는데, 저작권에 안 걸리는 거 아냐?" 아니!!! 그건 안 걸렸을 뿐이고, 신고가 안 들어갔을 뿐이야. 만약에 원저작자가 저작권 위반 사례를 모아 행동에 들어가면 큰 문제가 생길 수 있어.

삼촌도 회사업무로 홍보물을 만들었다가 문제에 휘말릴 뻔했어. 삼촌이 만든 홍보물에 사용된 글꼴이 저작권 위반에 해당된다며 "고소고발 들어갈 테니 합의금을 내놔라" 하는 전화를 받은 거야. 나중에 알고 보니 별문제가 되지 않는 일이었지만, 전화를 받았던 당시에는 간담이 서늘해지는 사건이었어. 실제로 컴퓨터 글꼴에도 저작권이 있어서, 글꼴의 사용권한이 어디까지 허용되는지 알고 영상에 사용해야 해.

저작권 규정은 방송하는 친구들을 곤란한 상황에 빠지게 만들 수도 있지만, 창작자의 권리를 보호해주는 법이기도 해. 그러니 꼭 플랫폼 규정 사항과 더불어 저작권법에 대한 지식을 쌓아두도록 하자고. 큰 도움이 될 거야.

8장.

도대체 좋은 콘텐츠의
기준이 뭐야?

좋은 콘텐츠에 대하여

그런데 이쯤에서 의문이 생길 거야. "저 삼촌이 좋은 콘텐츠 좋은 콘텐츠 이야기하는데 도대체 좋은 콘텐츠의 기준이 뭐야?" 라고 반문하고 싶은 친구도 분명히 있을 거야.

좋은 콘텐츠는 사람마다 다르지. 어떤 사람에게는 돈이 되는 콘텐츠일 거고, 또 어떤 사람에게는 대중에게 이슈를 만들어야 하는 것이겠지.

삼촌이 볼 때는 전문성이 보이는 콘텐츠가 좋은 콘텐츠야. 무작정 콘텐츠를 만드는 게 아니라 충분한 조사를 통해 많은 사람들에게 재미와 정보를 전달해줄 수 있는 그런 콘텐츠 말이야. 아무렇게나 막 만드는 것 같아도 충분히 생각해서 만든 콘텐츠, 조작 없이 있는 모습을 그대로 보여주는 콘텐츠가 좋은 콘텐츠이고 사람들에게 박수받을 만하다고 생각해.

예를 들면 삼촌은 앞에서 말한 '띠예'의 먹방 콘텐츠가 좋은 콘텐츠 중 하나라고 생각해. 화려함보다는 자신이 가지고 있는 솔직한 모습을 충분히 어필하며 순수한 매력을 보여주었지. 한때 일부 몰지각한 프로불편러들 때문에 상처받고 활동중단을 한 적도 있었지만, 여전히 많은 사람들이 좋아하는 콘텐츠야.

삼촌은 '띠예'의 방송이 무엇보다 유튜브의 초심을 잘 보여주는 콘텐츠라고 생각해. 유튜브가 처음 나올 때의 영상들이 그랬거든. 레전드 유튜브 영상 대부분은 소소한 일상을 보여주는 콘텐츠였고, 편집이 엉망인데도 많은 사람들에게 사랑을 받았거든. 여러분도 그 마음을 기억해줘.

9장.

방송을 시작한
사람들의 이야기

선배 유튜버들의 이야기에
귀를 기울이자!

이번 장에는 너희들보다 먼저 방송을 시작한 유튜버들, 1인 미디어를 하고 있는 사람들의 이야기를 들려주고 싶어서 삼촌이 직접 질문지를 만들어서 인터뷰를 하고 정리해본 내용을 담았어. 왜 이런 코너를 넣었냐고? 이유는 간단해.

'나만 생각하지 말라'는 의미이지! 유튜브는 승자독식이 아니라 유튜버와 유튜버, 유튜버와 시청자 간의 공생의 장이야. 나와 같은 꿈을 꾸고 달려가고 있는 사람들은 어떻게 작업을 하고 있는지, 왜 시작하게 되었는지, 콘텐츠를 생성과 유지 노하우는 무엇인지 등을 알려주고 싶었어. 그리고 이 인터뷰를 응해준 아홉 명의 방송인들도 그런 마음에서 흔쾌히 응해준 거니까.

지난 2019년 7월 이 책을 처음 펴낼 때 소개했던 1인 방송인 선배들의 이야기를 앞부분에 실었고, 2022년 새롭게 인터뷰를 진행한 1인 방송인 선배들의 이야기를 뒷부분에 추가해 실었어. 아예 모르는 유튜버도 있을 것이고 잘 아는 유튜버도 있겠지만, 인터뷰한 모든 유튜버의 이야기에 귀를 기울여주면 좋겠어. 분명히 그 안에서 너희들이 알고자 하는 정보나 이야기를 발견할 수 있을 거야. 참고로, 2019년 2022년 두 시기 인터뷰들을 비교해서 읽어보는 것도 의미가 있을 듯하고, 2019년 이후 채널명이 새롭게 바뀐 곳들이 있는데 해당 채널을 직접 방문해 전후의 변화를 통해 운영 노하우를 배우는 것도 도움이 될 거야.

　　그리고 무엇보다 인터뷰 내용들을 바탕으로 너희 나름대로 응용하고 발전시킬 수 있었으면 해. 나아가 각기 자기 개성대로 만들어진 여러 유튜버들의 유튜브도 찾아서 보고 참고하면서 나만의 멋진 1인 방송을 만들어가길 바랄게.

안녕하세요? 저는 유튜브에서 **'스타트랩 민대표'라는 채널을 운영하는 이민아**라고 합니다. 이제 8개월 정도 된 새내기 유튜버입니다. 나중에 기회가 되면, 팟캐스트도 해보고 싶습니다.

이전에 회사에서 마케팅 담당자로 광고를 집행하고, 프로모션을 진행하는 일을 했습니다. 회사를 나와 이제 막 창업한 스타트업을 대상으로 하는 강연이나 네트워크 모임 등을 진행하는 사업을 했고, 지금은 새로운 개인 사업을 준비하면서 유튜브 방송을 병행하고 있습니다.

마케팅 분야에 관심이 있다 보니, 요즘 떠오르는 1인 미디어에 대해서 배워보고 싶었어요. 그러다 우연히 국가에서 지원하는 1인 미디어 교육이 있다는 것을 알게 되었고 교육을 이수하고 방송을 시작하게 되었어요. 무엇이든 직접 해봐야 깊게 이해할 수 있으니까요. 제 개인 브랜딩에도 도움이 될 수 있겠다 싶었고요.

https://www.youtube.com/channel/UCLI5PjLU4u96mQspTC6B0Eg

'스타트랩 민대표'라는 채널에서는 스타트업에 대한 소개와 창업에 대한 팁을 주로 얘기하고 있습니다. 제가 관심 있게 본 스타트업 기업들과 그 이유에 대해 먼저 생각을 정리하고 블로그에 올리는데요. 유튜브 영상은 그 내용을 토대로 만들고 있습니다. 앞으로 스타트업들이 필요한 해외 강연이나, 영어문장 등을 소개해볼까 생각 중입니다.

처음에는 제 얼굴이 화면에 나오는 것이 너무 부담스럽고 어색해서 포기하고 싶었습니다. 하지만 처음부터 완벽할 수는 없으니, 하다 보면 자연스러워지고 실력도 늘 것이라고 편하게 생각하고 있습니다. 요즘 가장 고민되는 부분은 어떻게 하면 지식과

정보를 재미있게 전달할 수 있을까입니다. 시청시간, 구독자 수를 보면서, 제가 가진 콘텐츠와 개성을 재미있게 살릴 수 있을지 고민하게 되는 것 같습니다. 방송을 하면서 제가 방송에서 좋은 팁이라 말했던 부분을 구독자들이 알아봐주면 정말 기분이 좋습니다. 1인 방송이라는 새로운 분야에 도전해나가고 있다는 사실 자체도 뿌듯하고요.

유튜브 방송을 대할 때 질문을 가지고 보면 좋겠습니다. 좋아하는 영상이 있다면, "내가 왜 좋아하는 걸까?", 좀 불편한 영상이 있다면 "어떤 부분이 불편한가?"를 자신에게 물어보며 영상을 보면 본인의 방송을 만드는 데 도움이 될 것 같습니다.

1인 미디어가 인기를 끄는 큰 이유 중의 하나는 나의 독창성을 보여줄 수 있기 때문입니다. 내가 좋아하고, 내가 잘하는 것이 무엇인지를 알고, 그것을 통해서 시청자에게 즐거움과 도움을 줄수 있다면 행복하게 방송을 할 수 있을 것이라 생각합니다.

※ 이 인터뷰는 2019년 진행되었음을 알립니다. 현재 '스타트랩 민대표' 채널은 '로컬임팩트 이장님'으로 채널명이 변경되었습니다.

안녕하세요? **북튜브 채널 '북펨tv'를 운영하고 있는 엘리**라고
합니다. 이렇게 인사드리게 되어 반갑습니다. 2018년 8월 말에
첫 클립을 올린 것을 시작으로 경력 11개월차에 접어든 새내기
유튜버입니다. 현재는 유튜브에서 활동 중이고, 차차 네이버나
카카오 플랫폼에도 채널을 개설할 계획입니다.

제가 방송을 시작하게 된 계기는 친구 덕분이었습니다. 딱 1
년 전, 친구가 장난처럼 "나 유튜브에 동영상 올릴 거다!"라고 했
는데, 별생각 없이 "그래, 한번 해봐라" 했죠. 그러면서 친구가 "너
도 같이 시작하자"라고 말했을 때 굳이 시간과 정성을 들여 영상
을 찍고 편집해야 하는지 모르던 때라 "내가 유튜브를 왜 해?"라
는 대답을 했어요.

그로부터 3~4개월 정도 지나 그 친구와 함께 바다에 놀러 가
게 되었어요. 가슴이 탁 트이는 풍경을 열심히 두 눈에 담고 있는

데, 옆에서 친구 혼자 떠드는 소리가 들려왔어요. 처음엔 정신이 나갔나 싶었죠. "여러분! 제 뒤로 보이는 바다가 잘 보이시나요? 여러분들은 지금 저와 함께 파도 소리를 듣고 계신 거예요." 친구 가 유튜브로 실시간 스트리밍을 하고 있더라고요.

당시 친구는 구독자 수가 많지 않아 실시간 시청자 수가 20명 도 안 되었지만 옆에서 본 친구의 표정은 정말 해맑아 보였어요. 친구는 "유튜브의 매력이 자신의 일상과 생각 그리고 이야기에 관 심을 가지고 지켜봐주는 팬을 만들 수 있다는 데 있다"고 하더군요.

비로소 '왜 나의 채널을 가져야 하는지' 깨닫게 되었어요. 친 구나 지인이 아닌 '팬'을 만드는 것. 내 생각과 이야기를 궁금해하 는 사람들을 만드는 것. 바로 대학교 때 신물 나도록 배웠던 '퍼스 널 브랜딩'의 실현이었던 것이죠. 자신의 이름 석 자가 브랜드가 되지 못하면 평생 남의 브랜드 밑에서 월급이나 받고 살아야 한 다고 가르치던 교수님의 말씀이 퍼뜩 떠오르더라고요. 옆에서 직 접 팬과 소통하는 모습을 보여준 친구 덕분에 "나도 할 수 있겠다" 는 용기와 가능성을 가지고 유튜브 방송을 시작할 수 있었습니다.

저는 고전소설을 저만의 시각으로 재해석하는 북리뷰를 하

https://www.youtube.com/channel/UCuJfOD1e3ydHHuV54RO6uXA

고 있어요. 혼자서만 해오던 '홀로 독서'를 유튜브 동영상을 통해 '1대 다수'의 살롱 문화로 만들어가고 있다고 생각합니다. 먼저 방송을 시작한 친구에게 많은 조언을 얻었고, 또 1인 미디어 크리에이터를 양성하는 프로그램을 통해 구체적인 방법을 배웠습니다.

방송을 해오면서 정말 힘든 점은, '업로드 날짜 지키기' 그리고 '장비 욕심!' 이 두 가지인 것 같아요. 방송을 시작하고 나니 일주일에 두세 번씩 업로드를 하는 유튜버들이 얼마나 부지런한 사람들인지 실감하게 되더라고요. 저는 일주일에 딱 한 편 업로드하는 데도 칼같이 일정을 맞추기가 여간 힘든 게 아니었어요. 장비 욕심은 정말 모든 유튜버라면 공감할 내용이에요. 영상을 찍다 보면 카메라나 음향기기, 편집용 컴퓨터, 조명 등 모든 방송용 기기에 대한 욕심이 자꾸자꾸 늘어나게 된답니다. 저도 언젠가 촬영용 드론을 띄울 날이 오지 않을까요?

제 영상을 보고 "생각의 전환점을 맞이하게 되었다"는 댓글을 볼 때 많은 보람을 느낍니다. 또 종종 제 영상에서 저의 독서법이나 글쓰기 방법 노하우를 소개할 때가 있는데 몇몇 구독자분들이 그것을 실천해보고 더 궁금한 점이나 시행착오 극복법 등을 메시지로 물어올 때 정말 기뻐요. '내가 누군가의 감정과 생각에 영향을 미치고, 특정 행위를 유발했구나' 하는 보람인 것 같아요. 정말 인플루언서가 된 것 같거든요.

1인 방송을 시작하고 싶다면 망설이지 말고 지금 당장 채널부터 만들길 권해요. 세상과 소통하는 '마이크로 인플루언서의 시대'에 콘텐츠 생산자가 되어 본인이 가지고 있는 창의력을 마음껏 펼쳤으면 좋겠어요. 제 말을 믿고 시작부터 해보세요. 인생이 변하기 시작할 거예요.

※ 이 인터뷰는 2019년 진행되었음을 알립니다. 현재 '북펨tv' 채널은 '북큐멘터리'로 채널명이 변경되었습니다.

안녕하세요? 유튜브에서 **운동 채널 '쨍하고 몸뜰날'을 운영하고 있는 김쨍알**입니다. 2018년 9월 21일부터 유튜브에 연재를 시작했습니다.

사실 저는 운동을 싫어했는데, 8년 동안 회사 일만 하면서 건강이 악화되어 운동을 시작하게 되었습니다. 한 달만 해보자고 시작했던 운동이 두 달, 석 달 늘어나면서 지금까지 해오고 있습니다. 운동을 하면서 육체적인 건강뿐만 아니라 심적인 부분도 많이 치유되었고, 주변 사람과의 관계도 회복되었어요. 이를 계기로 제가 느낀 운동의 좋은 효과를 다른 사람들에게도 전파하고 싶어서 방송을 시작했어요.

'쨍하고 몸뜰날'은 구독자분들과 함께 운동을 하면서 제가 느끼고 배웠던 인생 이야기를 전하는 방송입니다. 채널을 오픈하기 전까지 나만의 브랜드에 고심했어요. 사람들과 하고 싶은 이야기가 정말 많았지만, 피트니스를 주제로 잡고 홈트레이닝 콘텐츠를 제작하고 있어요. 기본적으로 운동 영상을 올리고, 보디프로필 찍는 방법, 운동과 관련된 정보를 알려주는 토크 영상도 올립니다. 운동을 따라할 수 있는 영상도 기획하고 있습니다.

방송을 위해서 저는 가장 먼저 현대인에게 어떤 운동이 필요한지 아이디어를 떠올리고, 직접 경험한 운동 노하우나 팁을 담을 촬영 계획을 세웁니다. 전체적인 운동 순서나 다이어트 팁 영상도 업로드 시점까지도 고민에 고민을 거쳤어요.

영상은 크게 세 부분으로 나눠서 인트로에서 운동에 대한 소개를 한 다음, 운동 같이하기를 하고, 마지막 아웃트로에서 운동 마무리와 인사의 순서로 촬영을 진행해요. 편집할 때는 저만의 발랄한 이미지를 잘 살리는 데 집중하는 편이에요

주 2회 방송을 하는데, 일과 학업을 병행하여 1인 방송을 만들다 보니 아무래도 시간 부족이 제일 힘들어요. 자투리 시간이나 이동 시간을 이용하여 다른 영상을 많이 보면서 영감을 얻거나, 영상 기획을 하는 식으로 시간 관리를 하고 있어요.

https://www.youtube.com/channel/UCnDU9ZOU-UI1LIoNGQ-o8GQ

　　제 생활의 많은 부분을 투자함에도 수익이 나는 일은 아니기 때문에 힘들지만, 댓글 하나하나를 보면서 사람들에게 도움이 되는 정보를 제공하는 제작자가 되었다는 사실에 집중하며 즐거움을 느끼고 있어요. 또 제 방송은 운동 콘텐츠이다 보니 단순히 소비하는 영상이 아니라 보고 따라하게 하는 것이 목표인데요. 제 영상을 따라했을 때 "몸이 좀 가뿐해진 것 같다", "너무 시원하다", "운동에 대한 팁을 아니까 좋다" 등 긍정적인 댓글들을 볼 때 정말 보람찹니다.

　　취미로 시작한 운동인데, 제 운동을 공유만 해도 사람들에게 긍정적인 영향을 줄 수 있구나 하는 생각에 또 힘을 얻습니다. 점점 영상 찍는 실력이나 운동을 설명하는 요령도 늘고 있어 구독자와 제가 서로 윈-윈하는 부분도 참 좋은 것 같아요.

무엇보다 자기 자신을 표현하는 일에 항상 용기를 가지면 좋겠어요. 저처럼 일반인이었던 사람도 운동 콘텐츠로 다른 사람들에게 도움이 되었듯, 표현하고 싶은 것은 그 자체만으로도 충분히 아름다운 가치가 있다고 생각합니다. 하고 싶은 말들, 하고 싶은 행동을 표현하는 연습을 하게 되면 또 어떤 멋진 세계를 경험하게 될지 모르니까요! 기회는 준비되는 자에게 오는 것이고, 그 준비는 실천하는 자가 할 수 있는 것이죠. 용기를 가지고 도전하는 삶을 응원하겠습니다.

※ 이 인터뷰는 2019년 진행되었음을 알립니다. 현재 '쩡하고 몸뜰날' 채널은 '쩡아리네'로 채널명이 변경되었습니다.

안녕하세요? 유튜브에서 **크리에이터로 활동하며 DJ, 음악 프로듀서로 활동 중인 '에드머'**라고 합니다. 2015년 7월 8일부터 인터넷 방송을 시작해서 4년이 되었습니다. 처음에는 아프리카TV에서 방송하면서 편집본을 유튜브에 올리다가 지금은 유튜브에서만 라이브 스트리밍을 진행하고 있습니다. 제 채널을 구독하고 알림 설정을 하면 라이브 방송을 볼 수 있습니다.

처음엔 제 음악을 더 쉽게 홍보하고 싶어서 시작한 것인데, 어느새 방송이 재밌어져서 음악 활동보다 유튜브 방송 활동을 더 많이 하고 있는 것 같습니다.

주된 콘텐츠는 먹방이고 그 외에 일상이나 공연 영상도 업로드하고 있습니다. 제가 제작한 음악은 따로 음악 채널을 만들어서 그곳에서만 방송하고 있어요.

라이브 방송 송출을 위한 장비와 녹화 후 편집할 영상을 위한 카메라를 같이 준비하고 있습니다. 실내에서 라이브 스트리밍을 할 때는 방송용 웹캠과 녹화용으로 고화질 카메라를 설치합니다. 야외 방송을 하는 경우에는 셀카봉에 스마트폰을 거치해 모바일로 방송하고, 그 위에 녹화용 고프로를 같이 달아놓습니다. 방송의 내용이 주로 먹방이라 그날 먹을 메뉴에 따라서 준비가 달라지기도 하는데, 요리를 하는 날은 조리도구를 미리 준비해놓고 시작합니다.

많은 분들이 악플이 방송을 힘들게 할 거라고 생각하지만, 악플은 생각보다 저를 힘들게 하지 않습니다. 오히려 무관심이 저를 더 힘들게 하는 것 같아요. 여기서 무관심이라 함은 조회수가 떨어지거나 구독자 증가량이 떨어지는 것을 말합니다.

많은 분들이 제 방송을 보면서 즐거워해주는 게 가장 보람된 일입니다. 제 영상을 보고 음식을 주문했다던가 물건을 구매했는데 정말 맛있고 좋았다는 말, 기분이 안 좋고 우울했는데 제 방송을 보고 치유가 되었다는 말도 뿌듯하고요.

요즘 1인 미디어에 뛰어드는 분들이 정말 많아지면서 경쟁이

https://www.youtube.com/user/EDMMER

굉장히 치열한데요. 이미 포화상태이기 때문에 쉬운 생각으로 뛰어드는 것보다는 자신이 보여줄 수 있는 특별한 무언가를 가지고 시작하는 게 좋을 것 같습니다. 또 짧은 시간에 포기하는 분들이 굉장히 많은데요. 무엇보다 꾸준히 하는 것이 가장 중요하다고 생각합니다.

※ 이 인터뷰는 2019년 진행되었음을 알립니다.

5 "다른 사람과 비교하지 말고, 내가 나를 이겼으면 좋겠습니다!"

저는 **일본 도쿄에 살고 있는 한국인 크리에이터 '도쿄K짱'**입니다. 서브채널로 '케이스키Kski' 채널도 함께 운영하고 있습니다. 2015년 10월 8일 아프리카TV에서 일본어 수업 콘텐츠로 시작하여 이제 3년이 조금 넘었습니다. 현재는 아프리카TV에서 공포 콘텐츠와 일본어 수업을 진행하고, 유튜브와 카카오TV에서 동시 라이브 스트리밍으로 소통 방송을 진행하고 있습니다.

대학교에서 연극 뮤지컬을 전공하고 졸업한 후 바로 1년 뒤에 호주로 어학연수를 다녀왔습니다. 한국으로 돌아와 잠시 영어 강사와 모델 일을 하다가 또다시 워킹홀리데이로 호주로 떠났죠. 호주에서 지내다 알게 된 동생이 한 명 있는데, 영어도 잘하는데 일본어까지 잘하더라고요. 뭔가 지기 싫다는 생각이 들었던 것 같아요. 한국으로 돌아와 일본으로 어학연수를 떠났습니다.

그런데 제가 일본 생활을 시작했을 때 동일본대지진이 터졌어요. 잠시 한국으로 피신(?) 와서 일본 생활을 정리하려고 하는데 뭔가 답답하면서 갈증이 생겼어요. 그래서 부모님 도움 없이 혼자 살아보겠다 하고 일본으로 다시 나왔습니다. 당시 일본에 여진이 계속 있었고 부모님께서 엄청 반대했지만, 그때는 왜인지 한국에서 제가 할 수 있는 일이 없다는 생각이 들었어요. 한국의 취업시장에서 가장 중요하게 생각하는 스펙도 경력도 없었고요.

사실, 당시 아버지 사업이 힘들어지기 시작하면서 집에서 입 하나라도 더는 게 나을 것 같다는 생각에 무작정 일본에서 홀로 서기를 시작했어요. 화장품 매장부터 어패럴 매장, 레스토랑, 셀렉숍 등 정말 쉬지 않고 일했어요. 흔한 벚꽃축제도 못 가고 불꽃축제, 마츠리 등등 남들 쉴 때 더 바쁘게 일했어요. 정말 365일 중에 360일은 일을 했던 것 같아요. 아침, 저녁으로 투잡, 주말에도 일하면서 쓰리잡도 뛰었어요. 몇 년 동안 휴일 없이 일만 하다가 어느 날 숨이 '탁!' 막히며 슬럼프가 오더라고요. 다 그만두고 싶고 억척같이 사는 제 삶이 뭔가 안쓰럽기도 했어요.

사람이 살다 보면 그럴 때가 있잖아요. 세상에서 내가 가장 가엽게 느껴지는 감기 같은 그런 병……. 무슨 용기였는지 일을 모두 그만두었어요. 그 후 알람을 맞추지 않고도 다음날을 맞이

할 수 있다는 것에 감사하는 나날들을 보냈죠. 일을 그만두기 전에는 여기도 가봐야지 저기도 가봐야지, 밤새워 놀아도 봐야지 했는데, 한 2주 동안은 정말 한 발자국도 안 나가고 집에만 박혀 있었어요. 시간은 넘쳐나는데 뭘 하고 놀아야 할지 모르겠더라고요. 노는 것도 놀아본 사람이 잘 논다고 매일을 치열하고 빡빡하게 살다가 갑자기 내 시간이 생기니까 어떻게 쉬어야 하는 건지 잘 몰랐던 것 같아요. 그래서 불도 켜지 않고 매일매일을 집에만 있었어요. 사람도 안 만나고. 그런데 7주 정도 지나자 몸과 마음이 불안해지기 시작했어요. '다시 일을 해야 하나?', '다시 일을 시작할까?' 그런데 막상 다시 일을 시작하려니 또 숨이 막혀 오더라고요.

어떤 선택도 하지 못한 채 부질없는 시간을 보내고 있었는데 누군가 저에게 '아프리카TV'를 알려주면서 BJ라는 걸 해보면 어떻겠냐고 권유해주었어요. "넌 낯도 안 가리고 철면피에다가 서비스직을 많이 했잖아? 말도 잘할 거고, 무엇보다 집에서도 할 수 있는 일이야"라면서 말이죠.

처음엔 '아프리카'라는 말을 들었을 때는 아프리카로 휴가를 떠나는 건 줄 알았어요. 하핫! 어쨌든 '아프리카TV'에 대한 호기

https://www.youtube.com/channel/UC7Q9EDwSDeC4VadGc3sHIWw

심이 생겼고 이런저런 영상들을 보며 무엇을 어떻게 할까 고민했
죠. 그러다가 아이패드로 장난 반, 호기심 반으로 방송을 시작했
고, 하다 보니 재미있어서 정식으로 시작하고 싶어졌어요. 그래
서 컴퓨터, 마이크, 방송에 필요한 부수적인 것들을 구입해서 일
본어 수업 콘텐츠로 정식 데뷔(?)를 했어요. 그렇게 '도쿄K짱'이
탄생했습니다!!!

저는 일단 유튜브에 두 개의 채널을 가지고 있어요. 메인 채
널은 '도쿄K짱(TokyoK)'입니다. 많이 아시다시피 '도쿄K짱' 채널
은 공포 콘텐츠가 메인이 되어버렸어요. 그 밖에도 일본어 수업
영상과 코믹 토크 영상, 그리고 '일.특. 메'! '일.특.메'는 일본의 특

이한 메이크업이라고 일본에서 유행하는 메이크업이나 일본의
여러 만화 캐릭터들을 제 얼굴로 만들어내는 콘텐츠입니다. 그
밖에도 다양한 영상들이 있어요.

그리고 저의 서브채널인 '케이스키Kski' 채널. 이 채널은 제가
좋아하는 것들을 모아놓은 채널이에요. 일본말로 '好き(스키)'가
'좋아하다'라는 표현인데, 말 그대로 케이가 좋아하는 것들을 모
아놓은 채널이죠. 일본 생활 브이로그부터 반려견 케쥬와의 생
활, 여행 콘텐츠, 쇼핑하울, 패션, 일본 여행팁, 먹방 콘텐츠 등을
만들어나가고 있어요. 제가 만드는 아트영상부터 ASMR까지 준
비 중에 있어요. 많이 기대해주세요.

방송을 만들 때 자료조사부터 수집, 대본작성, 영상, 사진 등
방송 진행을 할 때의 모든 것을 저 혼자 준비합니다. 예전에는 편
집까지 혼자 다 했는데 너무 힘이 들어서요. 현재는 함께하는 편
집자분들이 계세요. 공포 콘텐츠는 아직도 제가 편집을 하고 있
고요. 주로 인터넷에서 자료수집을 하고 일본 친구들에게 물어보
며 방송을 준비하고 있어요. 일본에 관련된 공포 콘텐츠를 할 때
는 누구에게도 지고 싶지 않거든요. 그래서 자료수집에 욕심을
많이 내는 편이에요.

방송을 하다 보면 첫째는 체력적으로 지칠 때가 많아요. 또 다른 직장 일도 함께하고 있어요. 매니지먼트나 MCN 회사에 소속되어 있는 게 아니고 처음부터 끝까지 혼자 진행하는 일이 대부분이라 시간적 여유가 없어서 그게 가장 힘이 들어요. 그래서 제가 아프거나 일본 회사 스케줄이 겹치면 아무것도 진행할 수 없어요. 그러다 보니 휴방을 하거나 업로드가 늦어질 때가 있는데, 스스로 자책을 많이 하는 편이에요.

일에 있어서는 편집증처럼 완벽을 추구해서 세세한 것까지 지적하다 보니 우리 편집자분들도 저 때문에 힘이 들 거예요. 자막이 좀 옆으로 쏠렸다거나 사진이 좀 삐뚤어졌다거나 자세히 안 보면 아무도 모르는데 그냥 제 눈에 성이 안 차면 계속 "다시! 다시!" 하는 것 같아요.

그리고 악플……! 라이브 채팅창에 나쁜 글들이 올라오는 건 바로바로 제가 받아칠 수 있으니까 괜찮은데, 업로드한 영상에 남겨지는 악플들은 정신적으로 힘들더라고요. 선플을 흉내내는 악플, 좋은 어드바이스가 아닌 악의로 가득 찬 악플, 내가 전달하려는 의미가 그게 아닌데 꼬투리를 잡아서 물타기하려는 악플, 그냥 막무가내로 욕하는 악플, 우리 가족 혹은 지인들을 욕하는 악플. 이런저런 터무니 없는 악플들을 보면 마음이 새까맣게 메말라가는 게 느껴져요. 물론 응원해주시는 분들이 훨씬 많죠. 그래도 10개 중 9개가 선플이고 1개가 악플이라면 그 1개의 악플이 머릿속에 계속 맴돌아요.

'악플을 다는 사람들도 뭔가 스트레스 풀 데가 없어서 남긴 거겠지', '나한테 악플 남기고 스트레스 풀린다고 한다면 그래 알았다'라고 생각하면서도 뭔가 마음에 생채기가 생기는 건 저도 어떻게 할 수 없더라고요. 크리에이터도 사람이잖아요? 누군가의 소중한 딸이고 아들이잖아요. 얼굴을 내놓고 방송을 한다고 해서 무조건적으로 욕을 먹는 건 너무 가슴 아픈 일인 것 같아요.

저 말고도 현재 악플로 상처받고 있는 크리에이터분들이 많을 거예요. 크리에이터뿐만 아니라 얼굴이 알려진 연예인분들도 모두가 자신의 위치에서 열심히 살아가고 있다는 거…… 그걸 알아주셨으면 해요. 한마디의 따뜻한 글이, 한마디의 마음 담긴 응원이 얼마나 큰 힘이 되는지요.

그러다보니 방송하면서 구독자분들이 웃어주는 것만큼 보람된 일이 없는 것 같아요. 제 방송을 보고 "힐링하고 있다", "오늘

힘든 일이 있었는데 영상을 보고 웃었다", "재미있다" 이렇게 말씀해주시는 거요. 그런 말씀들 한마디 한마디가 저를 움직이게 하는 원동력입니다. 또 "엄마랑 같이 본다", "아빠랑 같이 본다", "가족이 추천해줘서 언니(누나)를 알았다", "친구가 추천해서 알게 됐다", "홍보하고 있다" 이런 말들도 저를 너무 행복하게 해요. 그리고 저 때문에 "일본에 홍미를 갖고 일본어 공부를 시작하게 되었다"는 말들도 너무 행복해요. 그래서 일본어 콘텐츠도 다시 시작하려는 거고요. 모두 진심으로 감사드리고, 또 감사드리기 때문에 더욱 재미있고 유익한 영상들을 만들어내야겠다고 다짐하게 됩니다. 이 글을 쓰면서도 입가에 미소가 번지네요.

아프리카TV와 유튜브에서 '도쿄K짱'을 검색하면 저를 만날 수 있습니다. 카카오TV는 플러스친구 'tokyok'를 등록해주시면 되고요. 아프리카TV는 매주 화요일 저녁엔 일본어 수업, 매주 금요일 밤 12시에는 공포 콘텐츠를 생방송으로 시청하실 수 있어요. 매주 목요일 저녁에는 유튜브와 카카오TV에서 라이브스트리밍 동시송출을 진행하고 있기 때문에 두 곳에서 생방송을 시청하실 수 있어요. 편한 플랫폼을 선택하시면 됩니다. 물론 알람은 모두 'ON'으로 켜두는 거 잊으면 안 돼요~!! 아! 그리고 '케이스키' 채널도 잊지 않고 구독해주세요.

누구나 시작할 수 있고 누구나 도전할 수 있어요. 그런데 인내와 끈기가 필요하다는 걸 말씀드리고 싶어요. 크리에이터는 돈을 많이 벌고 유명해질 수 있다는 생각에 너무나도 많은 분들이 지금 이 순간에도 도전하고 있을 거예요. 그러나 자신이 꿈꿔왔던 것과는 다른 결과가 나올 수 있어요. '왜 난 유명해지지 않지?', '왜 내 영상을 안 보는 거지?' 그런 일련의 과정들 때문에 속이 상할 수도 있고요.

단지 유명해지기 위해 누군가를 따라하기보다는 자신이 가장 잘할 수 있는 것, 자신이 만들고 싶은 영상, 내가 정말 하고 싶은 말, 그리고 자신이 정말 이 일을 하고 싶은지가 가장 중요해요. 그래서 결과물을 빨리 얻고 싶어 하는 분들께는 추천해주고 싶지 않아요. 결과가 바로바로 나오질 않고 원하는 결과가 나오기까지 시간도 엄청 걸리니까요. 꾸준함이 정말 중요합니다. 인내와의 싸움이에요, 정말!

그리고 1,000명의 사람이 봐주길 바라는 것보다 한 분이라도 내 영상을 좋아하는 사람이 있다는 것에 기뻐할 줄 아는 마음을 가져야 해요. 쉽지 않지만 처음부터 너무 욕심을 내면 스스로 너무 괴로워지더라고요. 첫 방송을 시작했을 때 두 분에서 네 분, 그러다가 열 분이 들어오면 그게 그렇게 기쁘고 그랬는데 언젠가는 1,000분 이상이 안 보면 그게 너무 슬프고 스트레스받고, 그러면서 그렇게 작아지는 자신을 보게 되었어요. 하지만 지금은 그런 거 신경 안 써요. 어찌 되었든 꾸준히 나를 찾아주시는 분들이 계시고 그런 분들께 더욱 재미있는 영상으로 보답해야겠다라는 생각으로 맘을 바꿔먹은 지 조금 되었어요.

누군가와 경쟁하고 싸우고 하는 게 생각보다 나를 갉아먹어요. 누군가를 이겨야겠다보다 그냥 내 영상 내 방송에 더욱 신경 쓰는 게 결과적으로 자신의 발전에 더 큰 도움이 돼요. 나를 위해 시청자분들 위해, 구독자분들 위해, 내 팬분들을 위해서 영상을 만드는 게 아니라 경쟁자를 이기기 위해 영상을 만들게 되더라고요. 전 그런 거 싫거든요. 내가 나의 가장 큰 경쟁자이고 어제의 나보다 오늘의 내가 나를 이겼으면 좋겠어요. '내일의 나는 어떤 모습일까, 어떻게 성장해나갈까?'라며 앞으로의 나를 꿈꾸는 사람이 되었으면 좋겠습니다. 당신의 앞날은 앞으로 무궁무진하니까!

※ 이 인터뷰는 2019년 진행되었음을 알립니다. 현재 '도쿄K짱' 채널은 '케이짱'으로 채널명이 변경되었습니다.

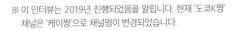

안녕하세요. 저는 **유튜브 채널에서 '윤석주TV'를 운영하고 있
는 KBS개그맨 윤석주**입니다. 2000년도에 데뷔를 했고, 현재 제
주도에서 피자 집을 운영하며 사진도 찍고 사진 관련 유튜브도
운영하고 있습니다. 원래는 다른 사람 유튜브에서 함께 활동하다
가 제주도로 이주를 하는 바람에 혼자서 유튜브 방송을 시작하게
되었고 그렇게 1인 방송을 운영한 지도 6년 정도 되었습니다.

　　개그맨으로 MBC, KBS, SBS를 포함해 각종 방송국에서 열심
히 활동했으나 제 기대와는 다르게 서서히 코미디프로들이 없어
지고 방송 기회도 줄어들면서 저만의 방송을 만들고 싶다는 생각
을 했습니다. 거기에 최적화된 곳이 바로 유튜브라 생각해서 유
튜버가 되었고요. 제 채널에서는 사진 관련, 카메라 관련, IT 관
련, 제주도 관련 콘텐츠들을 만나볼 수 있는데, 특히 사진을 좋아
하시는 분들이 제 유튜브를 많이 사랑해주십니다. 유튜브에서 윤
스타, 윤석주TV 검색하시면 저를 만날 수 있습니다.

https://www.youtube.com/c/yoonstar

저는 방송 준비를 따로 하지 않습니다. 그냥 카메라를 켜두고 혼자서 나불나불하던 대로 평소에 하고 싶었던 이야기를 거짓 없이 내뱉는 편이라 별도의 특별한 준비가 필요 없습니다. 제 마음속 얘기들을 그냥 편안하게 공유하고 소통하길 원하기 때문입니다.

그렇게 소소하게 유튜브를 즐겨 하고 있기 때문인지 큰 스트레스는 없습니다. 크게 바라는 게 없다면 크게 힘든 일도 없는 법이니까요. 아마도 내 채널을 크게 키우겠다 생각하면 거기에 따른 스트레스도 커서 힘들지 않겠나 싶네요. 다만, 간혹 악성 댓글을 다는 악플러들에게 많이 화가 났습니다. 물론 그것도 무시하는 게 답이고 시간이 지나면 아무것도 아니라는 생각이 들더군요. 그만큼 경험이 쌓이면서 제 마음속에 아량도 생긴 것 같습니다.

아마도 유튜버로 활동하며 느껴온 보람과 뿌듯함이 큰 힘이 되어서겠지요. 사진을 좋아하는, 카메라를 좋아하는, IT를 좋아하는 많은 분들이 제주도에 놀러 올 때면 제가 운영하는 피자 집을 꼭 찾아옵니다. 그리고 유튜브 잘 보고 있다며 너무 재미있다는 이야기를 건넵니다. 유튜버로 활동하며 보람이 가장 큰 순간이지요.

유튜버가 되고 싶다면 저는 일단 사람들과 소통하는 방법을 먼저 탐구하고 공부하길 권하고 싶습니다. 막무가내로 시작했다가 많은 사람들에게 본의 아니게 상처를 줄 수도 있고 반대로 본인이 상처를 받을 수도 있습니다. 그래서 어떤 말들이 상대방에게 상처를 주는지 재미를 주는지 위로를 주는지 등에 대해 조금이라도 먼저 이해하고 알아가는 시간이 필요하지 않을까 합니다.

※ 이 인터뷰는 2022년 진행되었음을 알립니다.

안녕하십니까? **유튜버 '멋진창창'**입니다. 공군에서 20년 동안 복무를 하고 예편하였습니다. 현재 군사전문 채널인 '멋진창창'을 운영하고 있습니다. 방송경력은 올해로 3년 차이며 현재 구독자는 8만 명에서 조금씩 **빠져나가고** 있습니다. (ㅠㅠ)

군사 전문 분야에 대한 콘텐츠와 함께 군대 관련 일상적인 이야기들을 위주로 방송하고 있습니다. 1인 미디어 시대에 개인이 가지고 있는 경험과 의견들을 진솔하게 전달하는 것이 의미가 있다고 생각해 방송을 시작하게 되었습니다. 주로 시사적인 이슈를 다루기 때문에 다양한 분야의 뉴스와 학술서 등을 참고하고 정리하여, 한 주간의 국방안보정세를 쉽고 빠르게 전달할 수 있도록 노력하고 있습니다. 다양한 경험들을 비롯해 전체적으로 보아서 전달하지 못하는 개개인의 디테일한 면들을 누군가에게 전달하는 일은 제법 매력적입니다.

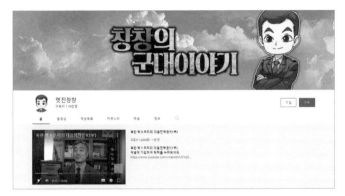

　　방송을 하면서 제일 힘든 점은 아무래도 소재의 연속성과 소재에 대한 해석 그리고 편집에 드는 시간이겠습니다. 그렇지만 제 방송을 보고 군에 대한 이해도를 높일 수 있었다는 댓글이나 조금 전문적이어서 부담이 되기는 하지만 알찬 지식을 얻어갈 수 있는 채널이라는 평을 접할 때면 큰 감명을 받고 너무 기쁘기에 기운이 납니다.

　　바야흐로 무궁무진하고 다채로운 방송의 시대입니다. 조직이 할 수 있는 방송이 있고 개인의 경험이나 개인의 아이디어가 의미 있는 방송이 있다고 생각합니다. 1인 미디어 방송인을 꿈꾸고 있는 청소년들이라면 앞으로 배우고 경험할 수 있는 분야에 대해서 처음부터 차근차근 관찰하고 기록하고 배워나가면서 발전하는 모습을 보여주는 시도가 매우 의미 있을 것이라 생각합니다. 성실함과 꾸준함으로 자신만의 멋진 방송을 만들어나갈 수 있길 바랍니다.

※ 이 인터뷰는 2022년 진행되었음을 알립니다.

안녕하세요. **유튜브 채널 '바라보라'를 운영하고 있는 싱어송라이터 연보라**입니다. 2019년 말 첫 방송을 시작하여 이제 거의 3년이 되어가네요. 사실 오래전부터 유튜브 방송을 하고 싶었습니다. 주변에서 많이들 권유도 했고요. 하지만 장비들을 다 갖추고 완벽한 상태에서 시작해야 할 것 같았고, 또 저 스스로 노래 실력이 형편없다고 여겨서 실력이 더 늘면 해야지 하고 막연히 생각만 하고 있었습니다. 그러다 보컬 선생님께서 실력은 충분하니 고민하지 말고 어서 유튜브를 시작하라고 응원해주셔서 용기를 내게 되었습니다.

방송 주제는 음악 콘텐츠입니다. 기타를 치며 노래를 부릅니다. 주로 케이팝이나 팝송을 어쿠스틱 기타 편곡으로 커버하여 유튜브에 업로드하고 있습니다. 때로는 중국어 노래도 부릅니다. 가능하다면 대부분 어쿠스틱 기타 편곡으로 진행하고, MR이 필요한 곡(웅장한 발라드 등)은 MR을 사용합니다. 방송을 하면서 응원

https://www.youtube.com/channel/UCg4Ord0SON-RGvijy6uAzZQ

댓글을 보면 힘이 납니다. 제 노래 덕분에 힐링했다는 댓글, 기다리고 있다는 댓글 등을 보면 기분이 좋습니다. 긍정 에너지를 여러분과도 함께하고 싶답니다. 유튜브에서 '바라보라'를 검색해주세요! 또는 각종 음원 사이트에 '연보라'를 검색하면 제 목소리를 들을 수 있습니다. (음원 발매를 앞두고 있으니 각종 음원 사이트에서도 많이 들어주세요! 2022년 가을!!)

사실 저는 계획을 세우거나 그 계획을 잘 따르거나 하는 성향이 아니다 보니, 유튜브 콘텐츠를 위한 큰 계획은 없습니다. 간단히 어떤 곡을 커버하면 좋을지부터 정하고 편곡 방향도 함께 생각합니다. 곡 선정에서 막히는 경우가 많은데요, 이것 또한 계획

대로 하지는 않아서 하고 싶은 곡이 없을 때는 업로드 속도가 느린 편입니다. 물론 하고 싶은 곡이 생기면 곧바로 작업을 시작하고 바로바로 업로드를 합니다. 어쿠스틱 버전으로 어떻게 편곡을 하면 좋을지 생각하고, 연습 후에 녹음을 합니다. 곡마다 연습 기간이 다른데, 보통 4일 정도 틈틈이 연습합니다. 연습을 많이 하면 녹음이 수월하고 연습을 조금밖에 못했을 때는 아무래도 녹음이 힘듭니다. 녹음은 보통 기타연주와 보컬, 믹싱까지 다 합쳐서 6시간 정도 걸립니다. 물론 그 6시간을 한 번에 하지는 않고요! 녹음 후에 영상 촬영과 편집을 하는데요, 저는 혼자서 아이폰과 아이패드로 촬영과 편집 작업을 하고 있습니다.

아무래도 혼자서 촬영과 편집을 모두 진행하다 보니 힘든 점이 큽니다. 영상을 시각적으로도 잘 만들고 싶은데 혼자 하다 보니 촬영과 편집 기술이나 장비 등등이 부족한 것이 느껴질 때가 있습니다. 또 성공한 유튜버들의 책이나 강의를 보면 유튜브를 꾸준히 하라고 하는데 꾸준히 해도 조회수와 구독자수의 변화가 크게 없을 때는 업로드하는 재미가 없어서 조금 힘이 듭니다. 또 처음에는 제가 하고 싶은 음악 위주로 할 테니 보고 싶은 분들이 와서 구독해주면 된다는 생각으로 시작했으나, 꾸준히 하려면 그에 따른 반응(조회수, 구독자 수 등)도 필요한 것 같습니다. 그래서 요즘은 생각이 바뀌어서 어떻게 하면 수많은 재미있는 콘텐츠 중에 제 영상을 보게 만들까 생각을 조금씩 하고 있는데 이것도 참 어렵습니다.

무엇보다 음악 콘텐츠이다 보니 곡 선정에서 많은 궁리를 합니다. 내가 부르고 싶은 노래를 불렀는데 조회수가 잘 안 나오고, 내가 좋아하는 노래는 아니지만 대중적으로 인기 있는 곡이면 재빨리 커버해서 올리는 게 콘텐츠 유지 면에서 좋고…… 또 이번에는 분명 많은 분들이 좋아하시겠다고 생각해 업로드했지만 그렇지 않은 경우가 있고, 반대로 아무 생각 없이 업로드했는데 반응이 너무 좋은 것들이 있습니다. 알면 알수록 더 배우고 탐구해야 하는 부분인 것 같습니다.

처음에 제가 그랬듯 유튜브 방송을 하고 싶지만 멈칫하고 있는 친구들이 있을 거라고 생각합니다. 그렇다면, 우선 뭐라도 올려보길 권합니다. 크게 공들여서 올려도 어차피 아무도 안 봅니다?! 슬프지만 그렇습니다.(^^;;) 그러니 오히려 부담을 가지지 말고 일단 영상을 올리며 업그레이드해보세요. 그리고 무엇보다 1인 미디어 방송인이 되기 전에 건강한 사람이 되면 좋겠습니다. 앞으로는 건강한 생각을 가진 1인 미디어 방송인이 더욱 필요할 것 같습니다. 어떤 콘텐츠를 제작하더라도 그 콘텐츠라는 그릇 안에 담기는 내용물이 사람들에게 힘이 되고 세상을 이롭게 하는 생각과 메시지가 되었으면 좋겠습니다.

※ 이 인터뷰는 2022년 진행되었음을 알립니다.

안녕하세요. 저는 **유튜브 채널 '김환 교수'를 운영하고 있는 김환**입니다. 서울사이버대학교 미래융합인재학부 1인 방송전공 교수로 재직 중이며, 성균관대학교와 한양대학교에서도 관련 전공의 겸임교수를 맡고 있습니다. 유튜브 채널을 개설하고 운영한 지는 10년 정도 되었습니다.

꽤 오래전부터 채널을 가지고 있었습니다만, 전업으로 유튜브 활동을 하는 것이 아니라 제가 주로 다루는 분야의 전문적인 지식을 공유하는 형태의 콘텐츠를 가끔씩 담아내는 형태로 진행을 하고 있습니다. 채널의 구독자는 22년 현재 1만 명을 조금 넘긴 상태입니다. 실시간 스트리밍은 하지 않고 사전제작 콘텐츠만 제작합니다. 유튜브 플랫폼에서 리뷰 채널과 강의 채널로 2개의 채널을 진행하고 있습니다. 그리고 네이버 TV의 채널도 함께 운영을 해왔었습니다만, 해당 플랫폼이 그렇게 활성화되지 않아 네이버 TV에 콘텐츠를 올리는 것은 요즘에는 좀 줄이고 있습니다.

운영하던 연구소에서 관련 교육용 콘텐츠를 제작하면서 유튜브 채널 운영 활동을 시작하였습니다. 처음 시작은 관련 기술에 대한 튜토리얼 형태였으나, 이후 관련 기술과 하드웨어, 소프트웨어에 대한 리뷰가 주를 이루게 되었습니다. IT테크 리뷰, 포토샵, 인공지능 교육 관련 콘텐츠를 주로 진행하고 있습니다. 포토샵 교육과 관련된 콘텐츠도 일부 진행을 했었습니다. 가장 주가되는 콘텐츠는 모니터 디스플레이 하드웨어 기기에 대한 리뷰를 업체 측의 의뢰로 진행하는 것입니다만, 앞으로는 인공지능, 언리얼엔진 등 제가 요즘 강의하고 있는 4차산업 관련 기술들을 바탕으로 한 콘텐츠를 보강하려 계획 중에 있습니다.

조명과 마이크, 컴퓨터, 디스플레이, 카메라 등이 사전 세팅되어 있는 스튜디오 환경 내에서 방송을 시작하며, 특별히 사전 준비를 하는 부분은 없습니다. 방송을 하면서 특별히 힘든 점은 없습니다. 다만 2~3시간의 촬영을 진행한 이후에는 목이 많이 쉬고 통증이 있습니다. 또한 콘텐츠 제작자가 공통적으로 가장 많은 시간을 투자하고 힘들어하는 부분으로 후반 편집에 많은 시간을 할애하는 것이 어려운 점입니다. 그렇지만 제작한 콘텐츠에 대해 긍정적인 또는 감사의 코멘트와 피드백을 받았을 때, 그리고 수

디스플레이/컬러/테크 채널: www.youtube.com/profhowardkim

강의 채널: https://www.youtube.com/channel/UCDiygkPEMkkEDG2IkVusccA

년 전 제작한 영상콘텐츠가 아직까지도 생존하여 학생과 대중에게 영향을 미칠 때 정말 보람을 느낍니다.

'1인 미디어', '개인 미디어'는 미디어 산업의 궁극적인 미래 발전의 종착지이자 뉴미디어의 핵심입니다. 기성 미디어는 줄기차게 개인 미디어로 분화 및 변화 발전하고 있으며, 4차 산업의 첨단 기술들과 융합되고 있습니다. 사람의 기본적 사회욕구인 '내가 하고자 하는 말을 전하는' 미디어 커뮤니케이션의 원리를 본질적으로 구현하는 '1인 미디어'의 가치와 중요성은 계속 확대될 것이며, 미래 인재의 필수 교양이자 필수 기술로 자리 잡을 것입니다. 미디어의 과거와 현재, 미래에 대해 넓은 안목으로 지속적으로 공부하고 인사이트를 얻으시길 기원합니다.

※ 이 인터뷰는 2022년 진행되었음을 알립니다.

10장.

1인 미디어,
1인 방송에 대해
더 멀리 생각해보자!

⏸ ⏭ 🔊

앞으로의 1인 미디어, 1인 방송을 위하여

지금 이 순간에도 1인 방송이 가능한 미디어는 발전을 계속하고 있어.

보통 방송 3사라고 하면 KBS, MBC, SBS를 생각하지? 1인 미디어의 세계는 아프리카TV, 유튜브, 트위치가 굳건히 최고의 자리를 차지하고 있어. 이에 질세라 트위터, 인스타그램, 페이스북 등 거의 모든 SNS들도 실시간 방송을 할 수 있는 플랫폼으로 변신 중이야.

포털 사이트인 네이버와 다음도 네이버TV, 카카오TV라는 걸 만들어서 많은 콘텐츠와 1인 방송인들은 모으고 있고, 스마트폰

앱으로 언제 어디서든 방송할 수 있는 실시간 방송환경도 조성되고 있어.

1인 방송인의 사업성과 파급력이 좋다는 판단하에 많은 메이저 언론사들도 따로 유튜브 채널을 운영하고 있고, 삼성 같은 거대기업들도 자체 사내스튜디오를 만들어서 운영 중이야. 그뿐 아니라 1인 방송인을 전문적으로 관리해주는 MCN기획사들이 생겨나며 1인 방송도 점점 기업화되어가고 있는 것이 눈에 보여.

그만큼 이 1인 미디어가 우리 삶의 전반에 침투되어 있다는 걸 알 수 있지. 정치, 경제, 사회, 연예, 문화 등등 내 목소리를 내고 싶은 사람들이 전부 1인 미디어를 통해 자신의 목소리를 내고 있어.

앞으로 1인 미디어만 취급하는 방송국도 많이 생겨날 거야. 이미 유명한 1인 방송인과 그들의 방송을 모아 보여주는 다이아(DIA) TV가 있지만, 큰 방송국처럼 운영하는 전문 방송회사가 생겨날 거라 생각해.

그러나 너무 겁먹을 필요는 없어. 1인 미디어 문화를 만든 건

거대기업의 자본이 아니라 너희들이 만들어내는 콘텐츠들이기 때문이야. "나 스스로 스타가 되고 내가 스타를 만든다"는 개념이 점점 자리를 잡아갈 거야.

예전엔 1인 방송인들이 엄청 무시당했거든. 요즘은 왠만한 TV스타보다 인터넷스타들이 더 인기가 많아졌어. 실례로 〈랜선 라이프〉라는 방송프로그램을 시작으로 각 방송사들이 너도나도 같은 부류의 프로그램을 만들고 있고, 유명한 1인 방송인들을 프로그램에 패널로 초대하는 경우도 제법 많아졌지. 유명 방송사들도 1인 방송을 무시하거나 외면할 수 없는 상황이 된 거야.

뽀시래기 친구들! 너희들이 학교를 오갈 때 자신의 모습과 주변 사람들의 모습을 유심히 관찰해봐. 다들 뭘 하고 있지? 전부 작은 스마트폰만 보고 있어. 그리고 내 주변엔 TV보다 스마트폰을 통해서 정보를 얻고, 그걸 통해서 드라마나 다른 예능 프로그램을 보는 사람들이 많아졌어.

이런 현상을 관찰하며 짐작해보건대, 각 기업들은 1인 방송을 이용해서 쇼케이스 형태의 홍보이벤트를 더욱더 활발하게 진행할 거야. 특히 중소기업들의 광고메시지나 PPL이 1인 방송으로 더 몰리게 될 거야. TV방송 광고보다 저렴하고 파급력이 강하니 이보다 좋은 홍보 수단은 없겠지.

어느 정도 알려진 1인 방송인이 한 번 방송할 때마다 만나는 시청자 평균을 2,000~3,000명 정도라고 가정하고, 매일 한 달간 방송한다고 하면 어마어마한 숫자의 사람들이 그 기업의 광고를 보게 되니 이보다 좋은 홍보수단이 어딨겠어? 실제로 한 중소 컴퓨터 판매회사는 1인 방송인의 이름을 딴 패키지 상품을 팔고 있으니 1인 방송의 상업적 효과를 짐작할 수 있겠지?

그리고 이건 삼촌의 예측인데 1인 방송인들로 구성된 '크루' 활동이 더 활발해질 거야. 이건 MCN과는 또 다른 개념인데, 메인 방송인, 편집자, 채널 홍보 등 각자의 역할에 맞게 팀을 이뤄 시작하는 사례가 많아질 것으로 보여.

또 1인 방송인들끼리 서로의 채널을 홍보해주면서 구독자를 늘려주는 방법을 찾고 윈-윈하는 전략을 세우고 그에 따른 수익을 나눠 갖는 구조도 나타날 거라 생각해. 콘텐츠는 더 화려해질 것이고, 보다 다양한 주제와 양질의 콘텐츠들이 탄생할 거야.

하지만 이런 구조에도 부작용이 생길 수 있어. 구독자 모집에 혈안이 되어 윤리적으로 문제가 있는 콘텐츠를 만들거나 자본의 힘에 의해 확인되지 않은 잘못된 정보들을 내보내는 경우도 많이 생겨날 거야.

특히 사회적으로 민감한 이슈의 경우, 나쁜 의도를 가지고 가짜뉴스를 만들어 유포하는 사람들도 나타나고 있어. 얼마 전 어떤 방송인이 자신이 성추행을 당했다고 방송을 내보낸 후에 가해자로 몰린 죄 없는 사람이 자살을 하는 사건까지 생겨났어. 이런 가짜뉴스, 가짜콘텐츠에 휩쓸려서도 안 되지만, 구독자를 늘리기 위해 가짜뉴스, 가짜콘텐츠의 유혹에 빠져서도 안 돼. 지금 한순간은 아무런 관심을 끌지 못하겠지만, 바른 목소리를 내기 위해 항상 노력하는 게 나중을 생각할 때 바람직하다고 생각해.

또한 1인 미디어의 사업성이 기사로 쏟아져나오면서 많은 사람들이 1인 방송에 뛰어들었고 무한 경쟁체제가 되어버렸어. 이때문에 생긴 부작용이 바로 잘못된 질투심으로 다른 1인 방송인의 콘텐츠를 악의적으로 공격하는 행동이야.

앞에서도 소개했던 초등학생 먹방 유튜버 '띠예'의 신고사건을 예로 들 수 있어. 이는 방송 플랫폼의 커뮤니티 규정을 악용한 사례로 나쁜 마음을 먹은 사람들이 집단적으로 신고를 해서 제작된 콘텐츠를 삭제되게 만들어버린 사건이지. 이제 열 살 된 초등학생이 정성껏 만든 방송인데, 제작된 콘텐츠가 삭제되어 얼마나 상심이 컸겠니? 상처받은 유튜버 '띠예'는 시작하자마자 방송 중단을 선언했다가 구독자들의 응원으로 다시 돌아왔어.

이것은 막 방송 플랫폼에 가입한 새내기들의 싹을 잘라버리기 위해 가장 인기 있는 콘텐츠를 신고해서 없애버리는 아주 악질적인 수법이야. 안 좋은 콘텐츠를 신고하면 플랫폼 서비스가 해당 콘텐츠에 규제를 하게 되는데, 일일이 사람이 확인하는 작업을 거치지 않는 것을 악용한 거지.

이런 걸 방지하려면 각 방송 플랫폼들도 커뮤니티 규정과 플랫폼 알고리즘을 변경해서 이런 피해자가 없도록 해야 하지만, 이들은 한 번 정한 것을 금방 바꾸지는 않아. 그래서 삼촌이 각 플랫폼의 커뮤니티 규정사항을 읽고 내 콘텐츠가 억울한 일을 당했을 때의 대처 방법 등을 미리 염두에 두는 게 필요하다고 설명한 거야.

공부에 알레르기 반응이 있는 친구들도 있을 거야. 그래도 이런 공부는 너희들이 하고 싶은 거, 좋아하는 걸 위해서니까. 이것만은 꼭 공부하자~ 약속!

나가는 글_ 이제 난 갈게. 안녕~!

　지금까지 삼촌만의 노하우와 삼촌만의 어법으로 여기까지 글을 썼어. 삼촌은 전문작가가 아니라서 여러분을 위해 1인 방송에 대한 책을 써달라는 의뢰를 받았을 때는 진짜 막막했어. 삼촌이 대도서관처럼 유명 크리에이터도 아니고 전문적으로 영상을 공부한 사람도 아니라서, 뽀시래기들에게 도움이 되기 위해 뭘 써야 하나 고민을 많이 했어.

　삼촌이 지금까지 바라본 우리나라는 1등만을 위한 세상이야. 너희 또래의 친구들을 보고 있노라면 매일매일 삶에 대한 목표나 꿈을 찾기보다 대학만 가면 다 된다는 어른들의 등쌀에 지쳐 있는 모습에 안쓰러운 마음도 있어.

　너희는 우리나라의 미래고 멋진 너희들이 1인 방송을 통해 자존감을 회복하고 마음속 꿈을 펼쳐나가면 좋겠어. 그러니 너희들의 목소리로 좋은 콘텐츠를 많이 만들어줘. 너희들의 목소리가 세상에 들릴 수 있도록.

1인 방송은 승자독식이 아닌 세계야. 크리에이터와 크리에이터 간의 유대도 중요하고 1인 방송인과 시청자들의 유대도 중요해. 그래서 비판의 목소리에도 귀를 기울여서 너희들의 삶과 꿈에 양분으로 삼았으면 좋겠어.

앞서 말했지만 무조건 자극적인 콘텐츠는 만들지 마. 소나기가 내리면 사람들이 짜증을 내며 피하지만, 가랑비는 사람들이 피하지 않아. 결국엔 사람들의 옷을 다 젖게 만들어. 나는 너희들이 가랑비 같은 방송인이 되길 원해.

앞으로도 1인 방송은 계속 발전하게 될 것이고, 새로운 어플과 새로운 프로그램들이 많이 생겨날 거야. 인터넷 방송에 대한 기술적인 공부도 틈틈이 하고, 더 좋은 콘텐츠를 위해서 준비하고 연습하면서 항상 발전하는 모습을 시청자에게 보여주며 점점 프로 방송인으로 성장하길 바랄게.

방송을 시작하고 나서 구독하는 사람이 없다고 너무 실망하지 말고 속상해하지 마. 지금 유명한 브로드캐스터들도 다 겪었던 과정이고 그 과정 속에서 더 노력해서 지금의 자리까지 올라갔으니, 너희들도 할 수 있어. 나만의 색이 있는 콘텐츠와 꾸준함과 책임감이 있다면 불가능한 일도 아니야. 그러니 두려워 말고 자신을 위해서라도 한번 도전해볼 만한 가치가 있어. 그러니 모두 파이팅!

기억해줘. 너희들 하나하나는 뭐든 할 수 있고 뭐든 될 수 있는 소중한 존재라는 것을! 그리고 실수해도 괜찮으니까, 무슨 일이든 도전해서 자아를 찾아가길 바랄게.

언제나 꽃길만 걷기를,
기한 삼촌이